IL MIRACOLO
DELL'OSPITALITÀ

LUIGI GIUSSANI

IL MIRACOLO DELL'OSPITALITÀ

Conversazioni con le Famiglie per l'Accoglienza

PIEMME *Religio*

I Edizione 2003

15033 Casale Monferrato (AL) - Via del Carmine, 5
Tel. 0142/3361 - Fax 0142/74223
www.edizpiemme.it

Stampa: Mondadori Printing S.p.A. - Stabilimento NSM - Cles (Trento)

«Non dimenticate l'ospitalità;
alcuni, praticandola, hanno accolto
degli angeli senza saperlo.»

Ebrei 13,2

Alle Famiglie per l'Accoglienza

Cari amici,
il vostro esempio illumina per me la strada del futuro: una familiarità – o fraternità – che si apre in un abbraccio senza remore. Così vi raccomando di non smettere mai di accogliere imitando il gesto di Cristo coi bambini che incontrava.

Se Lui, il Signore, si è chinato sui più piccoli per segnare la strada ai grandi, voi che fate lo stesso siete resi segno di una novità che come onda si dilata di famiglia in famiglia, dalla più prossima alla più lontana, in un movimento che è inizio di una società più umana perché fatta di persone appassionate al destino degli uomini – dareste la vita per uno solo di essi! –, avendo voi conosciuto il Fattore che dà la vita e il respiro ad ogni cosa.

Così che chiunque incontrandovi si senta finalmente a casa, cioè ospitato e sicuro come bimbo tra le braccia del padre.

Luigi Giussani

LA RAGIONE DELLA CARITÀ[1]

Per vivere umanamente e cristianamente la condivisione non è necessario che le condizioni di questo gesto siano coscienti. Normalmente, anzi, esse vengono vissute in modo implicito nella nostra buona volontà. Una buona volontà che, comunque, viene sorretta da una meditata esplicitazione, specialmente nei momenti in cui la fatica è più grande.

Perciò la parola del Vangelo: «State all'erta, siate coscienti», «Vigilate»[2], significa: siate coscienti del vostro destino, del vostro rapporto con Dio, con il principio, la consistenza e il fine di quello che siete.

Questa è la premessa più grave che dobbiamo ricordarci.

Ho voluto dire del valore dell'implicito e dell'inconsapevole, perché il dono dello Spirito e della grazia di Dio può agire in chiunque: il Signore non è limitato da nulla. Ma ho voluto anche notare l'importanza della vigilanza, perché sono senza paragone la lucidità, la gioia e la pace che nascono da un impegno di carità che abbia motivi ben

[1] Intervento di monsignor Luigi Giussani intitolato *Fondamenti antropologici e metodologici della condivisione*, in *Accoglienza, volto del gratuito*, Atti del Convegno organizzato dall'Associazione Famiglie per l'Accoglienza, Milano 8 giugno 1985, EDIT Editoriale Italiana, Milano 1985, pp. 1-9.

[2] *Marco* 13,35.

delineati. Quanto sto per dire è un piccolo contributo a questa chiarezza di motivi.

Vediamo i motivi profondi che per natura l'uomo ha e da cui è spinto alla condivisione.

Se vogliamo immediatamente sentirci riempire di ricchezza nella vita del pensiero, dobbiamo sempre partire dalla grande verità primordiale: che non c'eravamo e adesso ci siamo; perciò l'esserci – cioè il vivere, l'esistere, il muoversi – è partecipare a qualcosa d'altro. Com'è pacificamente esauriente poter dire con chiarezza (con chiarezza nella motivazione, non con chiarezza di fronte al contenuto, che è il mistero che ci ha rivelato Cristo) che tutto ciò che facciamo partecipa di qualcosa d'altro! La gratuità ha qui la sua radice: tutto ciò che facciamo e siamo ci è dato, noi partecipiamo a qualcosa d'altro. Io credo non esista nessuna verità più evidente di questa: che in ogni istante della nostra vita non ci facciamo da noi stessi. È nella vibrazione di questa autocoscienza che si sviluppa in noi la possibilità di una preghiera reale.

La radice della gratuità sta tutta qui, proprio perché nulla è nostro. In fondo voglio alludere a quel che dice la prima pagina della Bibbia: «Facciamo l'uomo a nostra immagine e somiglianza»[3], vale a dire, nel dinamismo dell'uomo si riverbera ed echeggia, secondo un'analogia immensamente lontana, ma pur reale, la vita del Mistero. Se ne possono trarre tre conseguenze.

La coscienza di essere amati

Non possiamo condividere, vale a dire non possiamo porre la nostra presenza come parte della presenza di un altro, non possiamo spalancare la nostra presenza ad ac-

[3] *Genesi* 1,26.

cogliere la presenza di un altro, se innanzitutto noi non ci sentiamo accolti, se noi non ci sentiamo amati.

Qui si capisce che, senza Dio, è come affrontare un problema senza un'ipotesi adeguata. Perché ci può essere una magnanimità, un'apertura, una capacità di condiscendenza, una capacità di «accoglienza» (per usare una parola sintetica) grandiosa, anche se uno non vive una corrispondenza umana in nessun senso, ma ha una percezione chiara di quello che sta all'origine del suo momento: cioè che, se vive, è perché è voluto; se esiste, è perché è amato.

Ho detto percezione chiara: può essere anche una coscienza non chiara, confusa, un presentimento o una intuizione, anche in una persona che non si direbbe religiosa, ma che, senza saperlo, lo è. Comunque sia, senza l'incombenza di Dio sull'orizzonte della nostra vita, noi non possiamo spalancarci all'accoglienza, dedicarci a una condivisione, accettare una presenza che non sia la nostra e che, proprio in quanto non è nostra, non coincida con la nostra.

È una imitazione che definisce il nostro comportamento («Facciamo l'uomo a nostra immagine e somiglianza») o, come ho detto, è la partecipazione a qualcosa d'altro. Per questo una religiosità vera si documenta nella capacità di condivisione e di accoglienza prima che in qualunque altra cosa, in un certo senso prima che nel dire «Dio», poiché se si ha dentro quanto detto è perché Dio lo si pre-sente, anche inconsapevolmente.

Comunque, solo se si è amati, si ama: amati non da chi e nei modi che noi desideriamo, ma molto più profondamente, essenzialmente. Io lo intuisco dall'esperienza della mia vita. Perché, se un ragazzo è veramente amato dai genitori, sa che cosa è amare, cresce sapendolo, anche se non sa di saperlo, anche se questa sua sapienza (sì, è proprio una sapienza) non è riflessa.

Il perdono della diversità

L'assetto dell'accoglienza, che la parola cristiana «misericordia» definisce, è il perdono della diversità.

Per capire bene i fondamenti, i motivi ultimi della capacità di accoglienza, non si pensi al povero che si tiene in casa, ma alla moglie, al marito, o al figlio che diventa grande: se nel rapporto con loro non emergono questi fattori, è solo perché lo si vive ottusamente, lo si dà per scontato, non ci si accorge di ciò che sta accadendo.

La parola «misericordia» indica l'accoglienza come una energia, una libertà che – come intelligenza e come affettività – supera il vuoto, il *gap*, la lontananza della diversità. Com'è impressionante pensare all'infinita distanza che Dio ha superato rispetto al nostro niente! «Ti ho amato di un amore eterno», dice la Bibbia, «ti ho attratto a me, ti ho accolto avendo pietà del tuo niente»[4]. Non c'è nessuna diversità più grande di quella tra l'essere e il nulla!

Io credo che questo sia un aspetto della coscienza che deve essere ravvivato sempre. Perché, se un uomo accoglie una donna, paradossalmente acuendo la consapevolezza della diversità, e l'abbraccia in questa consapevolezza, mai l'avrà accolta così interamente: occorre che sia cosciente di questa diversità e che la presenza sia abbracciata in questa coscienza. Non sto «definendo» la misericordia con cui Cristo identifica il Dio vivente, l'ultima umana parola possibile sul Dio vivente; ma sto indicando la connessione impressionante che noi siamo chiamati a vivere con essa: perché, come osserva san Paolo, «Cristo ci ha amati quando eravamo peccatori»[5], ci ama quindi come peccatori (immaginiamoci quanto deve amarci quando Lo cerchiamo, invocandoLo)!

[4] Cfr. *Geremia* 31,3.
[5] Cfr. *Romani* 5,8.

L'amore alla persona

L'accoglienza e la condivisione sono l'unica modalità di un rapporto umanamente degno, perché solo in esse la persona è esattamente persona, vale a dire rapporto con l'Infinito. «I loro angeli nel cielo vedono sempre la faccia del Padre mio che è nei cieli»[6], diceva Gesù parlando dei bambini. L'itinerario attraverso cui la condivisione, quindi l'abbraccio accogliente di una presenza a un'altra presenza, avviene può essere qualsiasi. Quindi, è un itinerario qualsiasi che ha però un punto *a quo* e un punto *ad quem*. Lo spunto iniziale può essere uno qualsiasi, anche un interesse banale e concreto, ma il punto *ad quem*, il punto d'arrivo obbligato è la persona, vale a dire un essere il cui angelo vede la faccia del Padre che sta nei cieli, un essere che è rapporto con l'Infinito: l'abbraccio all'altro non si può quindi esaurire nella motivazione per la quale, inizialmente, io l'ho raccordato a me, l'ho accettato. È per questo che nell'accoglienza di un povero e in quella della persona più amata ultimamente deve vivere la stessa gratuità, altrimenti è come se tristemente ciò che dovrebbe essere più grande diventasse più ottuso, meno grande.

La partecipazione all'Avvenimento iniziale, dunque, è la sorgente della gratuità: partecipazione in cui la vigilanza o la consapevolezza recano il contributo di una chiarezza e di una possibilità di gioia altrimenti più difficili.

Solo se abbiamo coscienza di essere amati – chiaramente o confusamente, implicitamente o esplicitamente –, noi possiamo amare, vale a dire abbracciare, accogliere in noi, condividere.

La grande strada da percorrere per renderci simili all'immagine che la Bibbia dà di Cristo – che, dall'eternità,

[6] *Matteo* 18, 10.

viene percorrendo la via come un gigante sulla nostra terra – è il superamento, l'attraversamento della diversità: la misericordia. Abbracciare l'altro significa abbracciare un diverso – ricordiamoci che Dio è il Diverso, l'Altro per eccellenza.

L'itinerario può prendere avvio da qualunque spunto, anche il più banale (il Signore ci è maestro in questo attraverso la natura), però deve giungere all'amore alla presenza intesa come luogo di rapporto con l'Eterno, con l'Infinito: il punto d'arrivo è la persona, che ha il suo destino infinito, che è rapporto con l'Infinito.

Fattori metodologici

1. Essere liberi. Senza *libertà* non ci può essere accoglienza, ma un invito illusorio; l'altro si troverebbe in una prigione, si troverebbe a essere usato, strumentalizzato. Essere se stessi appieno, questo vuol dire essere liberi. Libertà, dunque, come condizione di metodo per l'accoglienza.

Ora, questa libertà, che ho definito essere se stessi appieno, ha delle note costitutive ben precise. Innanzitutto, la coscienza della propria appartenenza all'Infinito, al Mistero. Quanto più uno vive il rapporto con Dio, quanto più ha la coscienza del proprio destino, e riconosce questo destino, tanto più vive l'affezione all'essere. L'affezione al destino, all'essere, poi, si dimostra nella calma affezione alle circostanze (salvando tutti i caratteri possibili: un carattere iroso lo dimostrerà come può, un carattere flemmatico lo dimostrerà come può!).

Quindi, la libertà. Con quella punta acuta che è il perdono a sé, la capacità di perdonarsi. Questa è la più difficile imitazione di Dio: è il perdono infatti la Sua "condanna", la misericordia il Suo modo di giudicare. Qui si radica quell'umiltà che permette la gratuità: perché l'umiltà è fatta di una coscienza della propria miseria che vibra, paradossalmente, dentro una certezza totale, perché Cristo è risorto, ha vinto e mi vince.

2. Il secondo fattore metodologico è quello che i Padri della Chiesa hanno più sottolineato, spiegando la figura di Cristo nel suo rapporto con l'uomo: la sua *condiscendenza*. Questa libertà, questo essere se stessi, deve piegarsi e plasmarsi, per così dire, aderendo alla presenza che accoglie, secondo tutti gli anfratti, le angolosità, secondo tutte le forme che quella presenza ha.

Questo vuol dire che bisogna evitare la pretesa. Non abbiamo alcun motivo per pretendere che l'altro sia diverso: non sarebbe accoglienza! Ben diverso è il desiderio che l'altro diventi se stesso secondo l'ideale che la nostra coscienza ha del rapporto con Dio, con l'Ultimo: ma allora è desiderio di camminare insieme verso l'identico Destino, Cristo.

Il realismo della condizione in base alla quale uno riesce ad accettare un altro è già implicato in quello che abbiamo chiamato l'itinerario da seguire e in ciò che abbiamo detto a proposito della libertà. La condiscendenza come tale insiste sull'adeguamento all'altro, senza che noi pretendiamo.

3. Questa condiscendenza è *amore al dolore,* non da masochisti, ma come lo ha avuto Cristo, che ha detto: «Padre, se è possibile, che io non muoia»[7]. Il dolore nasce dall'impossibilità di corrispondenza dell'assetto o dell'atteggiamento dell'altro con quello che noi abbiamo pensato o immaginato, sia come progetto buono su di lui, sia come soddisfazione di una nostra esigenza affettiva. Il dolore

[7] Cfr. *Matteo* 26,39.

nasce dall'accorgersi di essere incapaci di colmare l'abisso della diversità. Perché la diversità è veramente un abisso, che soltanto un nesso con l'Infinito, con Dio, può far superare (provate a pensare, mogli e mariti, alla diversità su un particolare: anche questa è un abisso!).

La gratuità, nella pratica, nasce in questo dolore. Esso ci purifica, al fondo, dal progetto che è pur naturale avere, dall'esigenza di corrispondenza affettiva che è naturale avere, dall'esigenza di sentirci utili che è naturale avere, dall'esigenza di manipolare qualcosa che è naturale avere. Non è che la gratuità stia in questo dolore, ma questo dolore la prova e la purifica, la fa esistere concretamente. La purezza che è nella gratuità è proprio salvata dal dolore, inteso come percezione della non corrispondenza; una non corrispondenza che è alla radice di qualsiasi rapporto, perché soltanto nell'Eterno noi avremo la vera corrispondenza.

Io ho sempre raccontato ai miei alunni un episodio accaduto nei primi anni di sacerdozio che mi ha colpito molto. Una signora veniva a confessarsi da me tutte le settimane; poi, per un certo periodo, non venne più. Ritornò dopo qualche mese: aveva avuto la seconda bambina. Mi disse: «Sapesse! Il primo sentimento che ho avuto appena si è distaccata non è stato la curiosità di sapere se era maschio o femmina, se stava bene o male, ma: "Ecco, incomincia ad andarsene!"». Accettare questo distacco è una sublime gratuità. E questo è proprio il seme iniziale che normalmente tutti i genitori devono affrontare quando si tratti della vocazione del figlio. «Incomincia ad andarsene» significa che, chi nasce, nasce per il suo destino, che non è fissato neanche da lui, perché la vocazione la dà Dio e nessun altro.

Nel tredicesimo capitolo della Lettera agli Ebrei, Paolo dice: «Soffrite con quelli che sono perseguitati come se voi soffriste nel vostro stesso corpo e preoccupatevi dei prigionieri come se voi foste in prigione»[8]. Quando leggo questo brano mi viene il terrore e vorrei scomparire, avendo partecipato con tutta la mia libertà e coscienza a questa cristianità occidentale che è vissuta cinquant'anni senza mai citare una volta i propri fratelli dell'Est europeo perseguitati sotto il regime sovietico. Se Dio non ci avesse scosso con questo Papa!

La frase di san Paolo vuol dire che l'accoglienza è immedesimazione: tu sei me, io sono te. L'ospitalità è grande, se la persona capisce, sente che ogni rapporto è un'ospitalità, è l'accoglienza di un altro. Ma la parola «ospitalità» è significativamente espressiva di tutto il fenomeno dell'accoglienza. In quel capitolo san Paolo dice: «Praticate l'ospitalità, perché Dio si compiace di queste cose»[9]. È nell'ospitalità, in senso stretto, che questa immedesimazione viene operata, secondo tutta la concretezza dei suoi fattori. Non per nulla il Concilio dà ai genitori cristiani come loro primo ideale l'adozione. Non esiste oggettivamente nessun atto più grande dell'ospitalità: da un'ospitalità così radicale come l'adozione, fino all'ospitalità a pranzo o all'offerta di un tetto a una persona che passi per Milano anche una volta sola.

Una delle cose più belle che fra i miei amici ho visto realizzare è questo nesso, questa trama di famiglie disponibili a ospitare chiunque.

[8] Cfr. *Ebrei* 13,3.
[9] Cfr. *Ebrei* 13,16.

VIVERE NELLA GRATUITÀ[1]

Com'è impressionante – chissà chi l'ha sentito direttamente – sentire Gesù che afferma: «Senza di me non potete fare niente»[2]. Rimasi colpito – quando ero seminarista – da un predicatore che diceva: «Ragazzi, questo non è un modo di dire». Ma ho capito molti anni dopo quanto bisogna ricordarlo che non è un modo di dire.

«Senza di me non potete fare niente». Allora nasce paradossalmente una grande sicurezza nell'animo e una grande affezione tra noi, come il bambino fra le braccia della madre (è l'eterno paragone, di Gesù anch'esso): se non saremo così bambini, noi presumeremo, giudicheremo gli altri e non costruiremo nulla, neanche – nello spazio microscopico del nostro breve possesso – il nostro io.

Per questo il Cardinale nella sua Lettera sugli *Itinerari educativi*[3] ha detto che soggetto attivo e promotore del grande itinerario educativo dell'umanità è il mistero della Trinità. È quello che abbiamo detto prima: siamo qui come uomini, perciò come gente in cammino verso il proprio destino, e il soggetto attivo e promotore di questo cammi-

[1] Intervento alla Giornata d'inizio anno per gli adulti di Comunione e Liberazione della diocesi di Milano, 2 ottobre 1988.

[2] *Giovanni* 15,5.

[3] C.M. Martini, *Itinerari educativi*, Seconda Lettera per il programma pastorale «Educare», Centro Ambrosiano di Documentazione e Studi religiosi, Milano 1988.

no non sono io, ma lo devo accogliere in me: è lo Spirito, è il mistero di Dio uno e trino. La Giornata d'inizio anno[4] deve fare «alzare lo sguardo», come i primi, grandi profeti ripetevano spesso[5]. «Alzare lo sguardo» vuol dire entrare con tutta l'anima, con tutto il cuore, dentro la grande memoria di Cristo: è perciò un momento di entusiasmo per Cristo e per la missione che ci ha affidata. Questa è, infatti, la suprema apparente contraddizione: non sapendo noi far nulla, Egli ci ha affidato una missione (ma non è contraddizione, è paradosso). Dunque, memoria di Cristo ed entusiasmo per la missione alla quale ci ha destinati: non ce n'è uno tra noi che non sia destinato a questa missione per ciò stesso che ha sentito la parola «Gesù».

Scrive Solov'ëv, nel *Racconto dell'Anticristo*: «L'imperatore si rivolse a loro dicendo: "Che cosa posso fare ancora per voi? Strani uomini! Che volete da me? Io non lo so. Ditemelo dunque voi stessi, o cristiani, abbandonati dalla maggioranza dei vostri fratelli e capi, condannati dal sentimento popolare; che cosa avete di più caro nel cristianesimo?". Allora, simile a un cero candido, si alzò in piedi lo *starets* Giovanni e rispose con dolcezza: "Grande sovrano! Quello che noi abbiamo di più caro nel cristianesimo è Cristo stesso. Lui stesso e tutto ciò che viene da Lui, giacché noi sappiamo che in Lui dimora corporalmente tutta la pienezza della Divinità"»[6]. Questa è la memoria e questa è la missione. Perché da Lui, da Cristo – che è il modo con cui il Mistero ha investito la nostra vita e la sta trascinando, sospingendo, guidando verso il suo destino –, cosa viene? Tutto! «Senza di me non potete far nulla». Se ci accompagnasse di più questo pensiero durante tutto l'anno, se ce lo

[4] La Giornata d'inizio anno è il raduno delle comunità di Comunione e Liberazione che segna l'apertura dell'anno sociale, offrendo le linee guida del cammino da compiere.

[5] Cfr. *Osea* 11,7.

[6] V. Solov'ëv, *Breve Racconto dell'Anticristo*, in *I tre dialoghi*, Marietti, Torino 1975, p. 207.

ricordassimo tra di noi! «Quello che noi abbiamo di più caro nel cristianesimo è Cristo stesso. Lui stesso e tutto ciò che viene da Lui, giacché noi sappiamo che in Lui dimora corporalmente tutta la pienezza della Divinità». Ho riletto quello che sarà oramai il manifesto permanente del nostro Movimento[7]: non c'è nessun brano letterario che possa esprimere meglio di questo il sentimento che ci anima. Il grande poeta lituano Czesław Miłosz, Premio Nobel nel 1980, avvicinato dai nostri amici perché accettasse di venire in Italia per un incontro pubblico al Centro Culturale San Carlo, avendo visto questo nostro manifesto, ha esclamato: «Ma come? Voi dite queste cose? Allora siete gente di cui ci si può fidare!». E dentro di me, quando ho saputo questo fatto, pensavo: quanti fra noi stentano a fidarsi, dopo tutto quello che abbiamo avuto! Comunque, questa è la missione: quella di far conoscere Cristo, perché Cristo è la salvezza dell'uomo, Cristo è il redentore dell'uomo. Durante l'arco di quest'anno rinnoveremo la festa nel ricordo dell'enciclica *Redemptor hominis*[8], perché ne commemoreremo il decennale. Tutta la vena profetica e tutto l'impeto di carità, di passione verso Cristo e verso gli uomini, che contraddistinguono il nostro Papa, tutto il contenuto di questo è nel titolo della sua prima enciclica: «Cristo redentore dell'uomo». Senza Cristo l'uomo non è se stesso, non si conosce, non si riconosce e non si realizza. A noi, alle nostre mani e al nostro cuore è affidata la grande evangelizzazione di cui parla sempre il Papa: che tutti riconoscano e amino Cristo redentore dell'uomo. Alziamo dunque lo sguardo all'inizio di questo nuovo tratto della nostra vita, un tratto lungo d'una vita breve («Settant'anni, ottanta per i più robusti»[9]).

[7] Si fa riferimento al movimento ecclesiale di Comunione e Liberazione, fondato da don Luigi Giussani, le cui origini risalgono al 1954. È sorto nella città di Milano e, dopo essersi rapidamente diffuso in tutta Italia, è oggi presente in circa settanta Paesi in tutti i continenti.

[8] Giovanni Paolo II, *Redemptor hominis*, Lettera enciclica, 4 marzo 1979, in «La traccia», (1978/1979), pp. 269ss.

[9] Cfr. *Salmo* 90 (89),10.

La modalità concreta di una storia

Come prima cosa, come primo punto, vorrei che ci ricordassimo di una cosa importante: che i rapporti con Cristo, il rapporto mio con Cristo non può non passare attraverso la modalità concreta di una storia, dentro la quale Lui mi si è manifestato persuasivamente, pedagogicamente, suscitando capacità creativa in me. Senza obbedire, aderire, alle modalità concrete, storiche, con cui abbiamo fatto l'incontro, vale a dire, senza passare attraverso le modalità concrete, storiche, attraverso le quali Cristo ci si è presentato, anche di sfuggita, ma persuasivamente (abbiamo cioè intuito che la fede può essere persuasiva per la nostra ragione, per il nostro cuore, utile per la nostra vita, per la vita degli uomini), se insomma non viviamo il rapporto con la modalità concreta con cui Cristo ci è venuto incontro in modo da interessare la nostra umanità, se non rispettiamo l'amore e l'adesione a quello che chiamiamo movimento, senza questo spessore storico, fin banale, noi perseguiamo una nostra immagine di Cristo, così come possiamo perseguire una nostra immagine di movimento.

Di fronte al mondo, di fronte al contesto mondano bisogna essere determinati da qualcosa che viene prima. Il contesto mondano è concreto: pensate alla Tv e ai giornali, a come tutti – tutti! – ne restino investiti, invasi, e perciò ridicano quello che la Tv e i mass media forniscono loro. Di fronte al mondo concreto bisogna essere determinati da qualcosa di concreto che viene prima, ed è il costruirsi della nostra compagnia e del nostro movimento: è questo che dà spessore alla nostra presenza. Quanto più noi apparteniamo a questa realtà che è nata per l'impeto dello Spirito, per la grazia dell'incontro, quanto più noi apparteniamo, viviamo questa appartenenza, tanto più la nostra presenza è incidente, propositiva e spalancata a tutto e a tutti, perché conoscere Cristo significa improvvisamente sentire il mondo come parte della propria coscienza e del proprio cuore.

Anche nel suo piano pastorale, il nostro Cardinale ricorda che nell'ambito del globale itinerario cristiano trovano posto «molteplici itinerari personali e comunitari nei quali si articola il cammino dell'immenso popolo di Dio»[10]. La nostra compagnia è una modalità in cui si articola il cammino dell'immenso popolo di Dio, e non la scegliamo, non l'abbiamo scelta noi: se siamo qui è perché siamo stati colpiti da qualche cosa. È Dio che fa, è il Signore che sceglie, elegge e requisisce, creando in noi una capacità, una sensibilità, una volontà di comunicazione prima ignote, e quindi, attraverso l'affinità della scelta, creando una compagnia che, se si dilata un po', si può chiamare movimento. È solo dentro la realtà concreta di una compagnia, di un movimento, che si può affrontare il mondo. L'itinerario personale può essere anche quello di un eremita, può essere quello di un caso eccezionale; ma normalmente l'itinerario personale genera, tende a generare compagnia e movimento.

Perciò, nell'alzare lo sguardo, in questa memoria di Cristo («Cristo, se così posso dire, "mio"», come diceva Dionigi l'Areopagita) e in questo trattenuto entusiasmo per la missione che ci ha data nelle mani, chiunque io sia e dovunque io sia, dovunque sarò domani e comunque sarò domani (lo pensavo questa mattina, quando mi sono svegliato prestissimo, a letto: «Se dovessi star qui e non potessi più muovermi...», e capivo che l'unica salvezza sarebbe stata questo pensiero, perché «tutta la gloria della figlia del Re»[11] è nella coscienza con cui Ti riconosco, mi dai di riconoscerti, o Signore, e di amarti, nonostante quello che sono; perciò c'è un solo peccato che non si può perdona-

[10] C.M. Martini, *Itinerari educativi*, cit., p. 28.
[11] Cfr. *Salmo* 45 (44), 14.

re, ed è il rifiuto di questa urgenza che penetra dalla nostra porta socchiusa, o chiusa anche, investendola e costringendola: *Dives in misericordia*, ricco di misericordia); alzando lo sguardo in questa memoria e in questo entusiasmo, dicevo, noi dobbiamo pagare un primo tributo di stupore, di gratitudine, di intelligente amore, alla vita della nostra compagnia, alla vita del nostro movimento. Certo, un gruppetto può essere più aiutato e ricco dell'altro, potrebbe sembrare più fortunato, ma è attraverso tutti i dati concreti della nostra vita quotidiana che Cristo ci guida nel cammino («Io sono la via, la verità e la vita»)[12].

La gratuità

La seconda parola che vorrei ricordare, in questa necessità di alzare lo sguardo, è quella che caratterizza di più (non ne abbiamo un'altra da usare, più potente e forte di questa, non possiamo esprimerci diversamente) il grande gesto con cui il Mistero ci si è comunicato, che caratterizza la realtà di Cristo tra noi, del Mistero reso uno tra di noi: è la parola «gratuità». Gratuità, amore senza tornaconto, umanamente «senza motivi», senza nessuna «ragione», senza ragioni che la ragione capisce, spiega, senza nessun diritto cui aderire o cui obbedire.

Egli è venuto *gratis*, in questa *caritas*, in questa carità. «Perché mi hai creato?». «Perché ti ho amato!». «E perché mi hai amato?». «Perché ti ho amato!». «E perché, nella confusione e nelle tenebre del mondo, Tu sei venuto come luce sul mio cammino, sulla mia strada, mi hai afferrato e collocato dentro di Te, dentro il mistero della Tua persona, mi hai chiamato alla comunione con Te?». «Perché ti ho amato!». «E perché mi hai amato?». «Perché ti ho

[12] *Giovanni* 14,6.

amato!». La gratuità è l'infinito, che è ragione a se stesso. «E perché, nella lunga fila del popolo cristiano, così facilmente distratto, così facilmente distolto dal suo centro dal mondo in cui vive, così facilmente abbandonato, come pecore abbandonate dai pastori, mi hai raggiunto così concretamente in quella tale occasione che mi ha determinato a un atteggiamento, a un assetto di vita diverso?». «Per amore, per carità, gratuitamente, *gratis*».

Per questo, in un anno in cui abbiamo incominciato a meditare che ciò che c'è di più caro nel cristianesimo è Cristo stesso, noi non possiamo non desiderare – tremando, ma non possiamo non desiderare, e con tutto il cuore – di imitarlo, di seguirlo, di seguirlo in questa cosa stupefacente, di fronte alla quale non abbiamo parole: che ci ha amato gratuitamente. Non possiamo non desiderare di seguirlo, cioè, nella sua carità (*charis*, gratuità).

Noi quest'anno vogliamo aiutarci di più a che il nostro animo si unisca di più al Suo. Gli apostoli l'hanno seguito, i primi tempi (proviamo a immaginare i primi mesi), ammirati, attaccatissimi, affezionatissimi, ma senza poter desiderare di essere come Lui, perché questo desiderio è stato fatto scoppiare in loro dallo Spirito di Cristo nel momento della Pentecoste. Allora hanno capito! Quante volte Egli lo ripete nel lungo discorso prima della Sua morte: «Ora non capite ancora, non potete capire, ma io vi manderò lo Spirito e...». Ora, questo Spirito è disceso su di noi, discende su di noi tutti i giorni, perché Egli ci ha chiamati per esserne investiti. Allora quest'anno dobbiamo mettere come tema principale, come passione principale del nostro rapporto con Cristo, e quindi come caratteristica più amata della nostra compagnia, l'imitazione della Sua carità.

Il lavoro vero della vita è il lavoro che non è pagato, cioè il cambiamento di sé e, attraverso sé, il cambiamento del mondo. Questo cambiamento di sé e – attraverso sé – del mondo è la collaborazione a quella trasfigurazione del cosmo e della storia di cui ci ha sempre parlato il Papa, è la vera partecipazione all'*opus Dei*, all'opera del mistero della Trinità nel mondo, che è Cristo, all'opera di Cristo nel mondo. La gratuità è affrontare i rapporti con se stessi e con gli altri e le cose alla luce del destino, nella prospettiva del destino, cioè – poiché il destino si è fatto uomo – alla luce di Cristo, nella prospettiva di Cristo. Stiamo tranquilli, le persone e le cose non scivoleranno nella monotonia di un pretesto, non diventeranno mai pretesto: le persone diventeranno più se stesse, se guardate con gli occhi di Cristo, alla luce di Cristo; le cose diventeranno più se stesse, se afferrate con l'amore con cui le afferrava la mano di Cristo.

Ho usato prima la parola «lavoro», perché essa investe la totalità della nostra giornata (il lavoro non è soltanto quello delle otto ore in ufficio o in fabbrica): la gratuità deve diventare l'anima del nostro lavoro. È ciò che anche gli atei possono intuire: Cesare Pavese diceva che portare il dolore, senza che ci sia un significato adeguato, è una cosa ignobile, insopportabile e ignobile[13]. Ma lo scopo adeguato della fatica inerente al lavoro, del dolore che sempre accompagna il lavoro e i rapporti vissuti, ciò che può dar ragione del sopportare il lavoro è Cristo, il destino fatto uomo.

C'è qualche cosa che veramente deve cambiare nella nostra sensibilità quotidiana. Deve diventare abituale una nobiltà che ci è ancora ignota, ma che presentiamo e di cui anche presentiamo la necessità, perché sia degna, e anche piena di fascino, di gusto, la vita: la gratuità. È questa l'idea che ha creato la Compagnia delle Opere[14], vale a di-

[13] Cfr. C. PAVESE, *Il mestiere di vivere*, Einaudi, Torino 1952, p. 191.

[14] La Compagnia delle Opere è una associazione senza fini di lucro costituita l'11 luglio del 1986. È sorta per libera iniziativa di giovani laureati e adulti – di CL e non – come frutto testimoniato di un'educazione a una fede matura. L'associazione ha la finalità di promuovere e tutelare la «dignitosa presenza delle persone nel contesto sociale e di tutti, nonché la presenza di opere e imprese nella società, favorendo una concezione del mercato e delle sue regole in grado di comprendere e rispettare la persona in ogni suo aspetto, dimensione e momento della vita» (art. 1 dello Statuto della Compagnia delle Opere).

re che il lavoro sia affrontato con una tensione al significato ultimo della nostra persona, al significato ultimo della storia di tutte le persone, che è Cristo, e perciò che tutto il nostro impegno sul lavoro, nel lavoro, abbia un riverbero di attenzione e di tenerezza verso gli altri, come bambini o infermi che debbono essere, come noi, presi tra le braccia e aiutati a camminare: per questo infatti ci si muove, non per meno.

A questo punto io vorrei poter leggere tante testimonianze (le avevo portate per leggerle), che specialmente le Famiglie per l'Accoglienza mi hanno mandato. Questa delle Famiglie per l'Accoglienza non è un'opera «particolare»: è una ispirazione grande, che sta invadendo tutte le comunità del movimento. Che Cristo ci aiuti e che la Madonna, nel suo mese di ottobre, dilati la possibilità di questa generosità! Mi spiace proprio non poterle leggere ora. Cito solo qualche passaggio. «Nel venir meno dei rapporti [il marito se n'è andato e la madre è morta], ho capito di essere al mondo per Cristo». Ecco, è proprio questo che dicono, in un modo o nell'altro, tutte quante le testimonianze delle famiglie che esercitano l'accoglienza, che vivono l'accoglienza, non per la collaborazione all'ente pubblico di fronte a un bisogno o all'altro, ma per un impeto, per qualcosa di più grande, per il significato che vive come attesa nel loro cuore, per il significato della loro vita. Tutte le famiglie per l'accoglienza, in un modo o nell'altro, nei documenti che mi hanno inviato (di cui sono loro grato), ripetono questo: «Nella fatica che facciamo abbiamo capito di essere venuti al mondo per Cristo» – cioè per il Redentore dell'uomo, per la salvezza dell'uomo, per Colui che è salvezza dell'uomo; se siamo venuti al mondo per Colui che è salvezza dell'uomo, allora tutta la nostra vita, pur nella meschinità con cui riesce a tradurlo, non può non desiderare di fare il bene, del bene, agli altri, di partecipare alla fatica del cammino dell'altro.

«Quando dieci anni fa abbiamo incontrato la comunità e il movimento eravamo una famiglia vuota, anche se apparentemente non ci mancava nulla. Allora avevamo un figlio. La mancanza di senso ci aveva portati a un isolamento: stavamo cedendo all'angoscia della solitudine. Questo incontro sorprendente, inaspettato, ha riacceso un gusto per la vita, donandoci una energia e una vitalità mai sperimentate prima. Il sentirci accolti senza pretese dalla compagnia delle Famiglie per l'Accoglienza ci è sembrata la modalità da ridonare ad altre persone perché ritrovassero un senso per la loro vita. La nostra casa si è aperta ai bisogni: è arrivato Mario, un bambino, per alcuni mesi, poi tre fratellini insieme, per un lungo periodo. Accoglievamo così, semplicemente, mettendo a disposizione la nostra casa e le nostre cose. Mi ricordo che nei momenti critici, e non erano pochi, pregavamo il Signore perché ci aiutasse: non avevamo neanche le brande da mettere per terra. Poi sono arrivati Nella, alcolizzata, e Pietro, tossicodipendente, e queste sono state esperienze cariche di dolore. Nella è morta dopo un periodo trascorso con noi e Pietro, dopo quattro anni che era da noi e non si era mai bucato, ha ricominciato».

C'è un altro esempio spaventoso, spaventosamente bello, che spero leggerete su «Litterae Communionis». È una lettera della nostra antica amica Rose, che racconta di quando ha intravisto una sera, alla fine di una giornata di lavoro all'ospedale (è infermiera), un uomo che si trascinava con quattro moncherini perché era lebbroso. Aveva fatto un chilometro in tre ore per essere ricoverato all'ospedale; aveva la dissenteria, e nessuno lo voleva accogliere: leggerete come lei lo ha fatto accogliere[15].

[15] Cfr. *Rose e il lebbroso*, in «Litterae Communionis», n. 11 (novembre 1988), pp. 6-7. Riportiamo alcuni stralci della lettera: «Mentre mi recavo da Eugenia, passando per l'ambulatorio, vidi qualcosa sotto il tavolo, come un corpo senza vita. Mi piegai mentre un'infermiera diceva: "Lascia stare, è un uomo che cammina a quattro gambe, guarda i suoi moncherini e i suoi piedi!". Era già notte. Il lebbroso era partito alle 7 di quel mattino; aveva impiegato tre ore a percorrere il chilometro che

Comunque, bisogna che stiamo attenti a una cosa per quanto riguarda la carità. Di fronte a questi esempi, di cui le nostre comunità sono piene, e si vorrebbero citare a uno a uno (vi dovrei citare a uno a uno quelli che conosco – sono già centinaia! –, come il gesto di una tra voi che aveva perso il marito e ha accolto in casa una malata di Aids senza speranza, la quale dopo circa sei mesi è morta in pace e lieta per la compagnia offerta); di fronte alle cose grandi della carità, che riempiono di esempio la vita delle nostre comunità (verrebbe voglia di raccontare soltanto queste cose), di fronte all'esempio soprattutto delle Famiglie per l'Accoglienza (perché l'ospitalità è la più difficile carità, ti impegna totalmente; voi, che me lo insegnate, lo sapete: vi impegna totalmente, da mattina a sera e da sera a mattina, come un figlio, come un fratello, come un marito), c'è una osservazione da fare: tutto questo deve diventare in noi un dolore che ci cambia. Non possiamo più essere come prima, dopo aver visto i nostri fratelli e i nostri amici, i nostri compagni di comunità, le famiglie che sono con noi fare così. Ognuno di noi può sentirsi tremare e non sentirsi capace di questo, perché lo Spirito è dato secondo la misura di Cristo, ma è dato perché anche noi

lo separava dall'ospedale. Era ammalato di dissenteria e aveva chiesto di essere curato. Gli era stato rifiutato il modulo di ammissione in quanto non aveva pagato la tassa richiesta. Era debole e depresso e mi diceva: "Potessi morire ora, che senso ha per me vivere?". Io non avevo un soldo per aiutarlo, ma presi un formulario presso un'infermiera, posi il lebbroso su una carrozzella e mi avviai decisa verso il medico di guardia. Anche il medico dapprima gridò verso di me, poi mi chiese: "Che male ha il vecchio? È tuo parente?". Allora parlai e il medico mi domandò se ero una suora. Risposi: "No, sono cristiana nella Chiesa cattolica". [...] Desideravo avere vicino la compagnia perché non sapevo come fare col vecchio lebbroso; anche le mie amiche infermiere mi deridevano invece di aiutarmi. Andai in cucina a chiedere cibo per il malato e mi risposero che se volevo dare cibo dovevo rinunciare alla mia cena. Ero molto affamata e non mi sentivo di stare a digiuno, ma non c'era via d'uscita: diedi il mio piatto al lebbroso che aveva molta fame. Le infermiere mi chiesero: "E ora userà il tuo piatto?". "Certo", risposi. Portai l'ammalato nell'angolo di una stanza, gli diedi la mia coperta e il mio pullover ed egli si addormentò in pace. [...] Al mattino incontrai il medico che andava a visitare il lebbroso. Mi disse: "Prega per me"».

abbiamo a cambiare: «Se un altro fa cento, Signore, io ti offrirò uno».

È un dolore che deve cambiare noi stessi. Non dobbiamo lodarli a distanza, non dobbiamo guardare queste cose erigendo una parete di autosufficienza, sia pur benevola o ammirata: noi ci fermiamo all'ammirazione, e invece no, debbono determinarci. Non si tratta di essere colpiti, ma sconvolti, cambiati. E infatti la generosità delle Famiglie per l'Accoglienza alza il livello di tutta la comunità.

L'appartenenza, sorgente del criterio

C'è una terza e ultima cosa cui vorrei accennare. Non c'è una gratuità autentica, se non si vive con gratitudine la carità con cui Cristo ha toccato la nostra vita attraverso l'esempio di altri o attraverso l'incontro con una compagnia. Senza, cioè, fedeltà alla compagnia che abbiamo incontrata, sarebbe falsa la nostra carità: non farebbe storia, cioè non collaborerebbe veramente come dovrebbe al regno di Dio, alla costruzione del regno di Dio.

Vi faccio subito un'applicazione. Uno fra voi mi ha scritto: «Quando Tv e giornali hanno cominciato a dire certe cose del Meeting di Rimini, mi sono chiesto: "Cosa sta succedendo?". E allora ho deciso di fare un bagno di identità e sono andato al Meeting. Ho capito, e sono tornato sereno». È giusto quel che hai detto e hai fatto, amico.

Diversamente, immaginiamoci una grossa comunità di cui tre soli sono stati al Meeting. Tutti si sono ammutoliti quando uno di questi ha parlato; ma il clima era pieno di obiezione; ed erano le obiezioni della Tv e della stampa. Ma, allora, quando ti sembrassero tue queste obiezioni, è a una appartenenza a cui tu attingi: appartieni al mondo della Tv e della stampa. Invece di partire dalla stessa radice, come ha fatto il primo («Vado a fare un bagno di identità»), fai prevalere la tua opinione, prendendo distanza da quello che fanno i tuoi fratelli e compagni del movimento, e non ti accorgi neanche lontanamente che la tua opinione paga lo scotto alla mentalità dominante, alla mentalità del potere.

In qualunque ambito è così: o la sorgente, la radice, che determina la tua preoccupazione è ciò a cui appartieni, è la compagnia a cui appartieni, a cui Cristo t'ha fatto appartenere, oppure tu, pretendendo affermare i tuoi pareri e i tuoi giudizi, sei bloccato e imprigionato dentro la grande prigione che il potere sempre più capillarmente e intensamente costruisce, qualsiasi potere.

Tanti anni fa monsignor Bartoletti, allora Segretario della CEI, domandò ad alcuni dei nostri che erano andati da lui: «Ma dov'è il vostro Statuto?». Loro risposero: «Non abbiamo lo Statuto». «Ma come fate a essere così coesi, come fate a essere così uniti, senza uno Statuto?». Alla fine egli stesso concluse dicendo testualmente: «Ho capito, questo è il vostro Statuto: la vostra amicizia». Non so se abbia presentito tutta quanta la profondità di questa parola, il pozzo profondo di fede e di carità che costituisce la realtà umana e sociale che è la nostra amicizia, ma questo è vero.

Un esempio in tal senso ci viene dato da un ingegnere, amministratore delegato di una grossa azienda. Chiedendo di partecipare alla Scuola di comunità e alla vita del movimento, ci ha scritto: «Leggere la polemica del "Sabato" sui valori comuni aveva aperto alcune domande su di me: che cos'è il cristianesimo? Dopo che ho incontrato voi, ho provato dolore e amarezza per come avevo impostato la mia vita che, in nome di una generica dedizione agli ideali cristiani, aveva escluso Cristo. I giornali non riporteranno mai che Comunione e Liberazione, così come io lo capisco ora, è un movimento per la santità della persona, che ha il coraggio di piegare tutto a questo desiderio. Ciò che scandalizza nei vostri rapporti politici è che il criterio non è politico; sulla politica infatti ci si può mettere d'accordo con chiunque senza alcuna identità. Davanti alla vostra proposta ognuno deve rispondere per nome e non per l'etichetta che ha. Mi avevano insegnato che la vita è un Mistero, ma questo insegnamento era come se non contasse. Dopo che ho incontrato voi, non so dire esattamente cosa sia il Mistero, ma posso dire che io l'ho incontrato. Vi chiedo di accettarmi con voi per non perdere questo incontro. Vorrei iniziare a fare un po' di apostolato nel mio ambiente di lavoro, ma sono così impacciato nell'iniziare che mi chiedo, dopo trent'anni di lavoro, che cosa abbia imparato a fare, visto che essere missionari è in fondo il significato del lavoro. Credo che dovrei iniziare nuovamente da zero, mi occorrono nuovi maestri. A questo livello non è sufficiente fare carriera; occorre chi ti convince che un momento che stimi possa durare per sempre»[16]. Lo spazio tra questo momento e il sempre è la mia disponibilità a imparare. Lo spazio tra la percezione iniziale che abbiamo avuto e il «sempre» è la disponibilità a imparare.

Certo, sulle cose contingenti possiamo avere reazioni e pensieri diversi! Ma cosa vuol dire questo? Vuol dire che la stessa radice, la passione per la stessa radice ci sembra dover far dire diversamente da te, amico; ma lo faccio con rispetto di te, con un desiderio di chiarirmi con te, con una tenacia nel cercare di aiutare quello che mi sembra tuo errore, in una pazienza nell'attenderti, chiedendo a te uguali pazienza e tenacia verso di me. Ma allora è un'altra questione: non è prendere le distanze da nulla, è entrare di più in tutto! Questa è gratuità.

Volevo dire che la forma più imponente di gratuità è la

[16] *Il criterio non è mai politico*, in «Litterae Communionis», n. 11 (novembre 1988), p. 6.

vita della nostra compagnia, è la vita del movimento, perché essa non può stare insieme che per un motivo: Cristo. Il movimento non può essere tenuto insieme, non possiamo obbedirlo, non possiamo seguirlo, non possiamo servirlo, non possiamo usarlo per servire, se non per la prospettiva ultima del nostro comune destino, che è Cristo, se non per questa memoria. Questo è l'entusiasmo per il nostro movimento, questa è la sua unica radice, e nessuno di noi se ne potrebbe andare diventando migliore – nessuno! –. Perché si potrebbe ripetere la terribile frase di san Giovanni: «Sono usciti di mezzo a noi, ma non erano dei nostri»[17].

Da che cosa era dettato l'amore di Cristo a noi, la gratuità che ha qualificato l'amore di Cristo a noi? Dall'obbedienza al Padre, dall'adesione alla gratuità dell'amore del mistero trinitario. Ma, come uomo, è per questa devozione al mistero del Padre che Egli ci ha voluto bene, ci ha voluti.

Questo noi vogliamo sviluppare quest'anno, ma densamente, nella densità del concreto quotidiano, aiutandoci con pietà perché questa gratuità sia più imitata nella nostra vita.

Ci sono tra di noi una infinità di esempi che non ci possono lasciare oggi come ieri, che destano in noi una irrequietezza divina, buona, sacrosanta; non abbiamo paura di seguire, ricordiamoci che tutto può accadere, se accade la prima cosa a cui siamo debitori: quella grazia per cui ti ho incontrato, amico, per quell'istante in cui io ho sentito il mio destino identico al tuo, in cui ci siamo incontrati, ci siamo riconosciuti, anche senza dircelo, senza capire, confusamente, tant'è vero che siamo qui!

Il Cardinale, nel suo piano pastorale, ci indica uno strumento di educazione a questa gratuità, ed è la Liturgia, la vi-

[17] *1 Giovanni* 2,19.

ta liturgica. Quest'anno, perciò, noi cercheremo di svolgere la nostra preghiera seguendo la vita sacramentale ancora più intensamente, più umilmente, più fedelmente.

Che l'Eucaristia porti a una visibilità sempre più grande della nostra compagnia e perciò della nostra comunione, perché la Chiesa, tutta la Chiesa, la Chiesa nel nostro Paese e la Chiesa in tutto il mondo, anticipi sempre più luminosamente la venuta di Cristo! Questa è, infatti, la salvezza: la salvezza è la Sua seconda venuta, quando verrà e si manifesterà. Noi ci alziamo tutte le mattine per anticipare, nel crepuscolo della nostra povertà, la Sua venuta, il Suo manifestarsi.

«I nostri sensi illumina, fervor nei cuori infondici»[18]. «I nostri sensi illumina»: che il significato delle facce che tocchiamo e delle cose che usiamo, Cristo, in qualche modo detti la modalità della stretta e la modalità della presa!

[18] *Discendi, Santo Spirito*, di E. Galbiati e A. Schweitzer, in *Canti*, Coop. Edit. Nuovo Mondo, Milano 2002, p. 113.

UN'ESPERIENZA NUOVA DELL'UMANO[1]

Che l'opera di Famiglie per l'Accoglienza sia dentro la storia del movimento[2] oggi si vede da quel che ho detto questa mattina[3]. Famiglie per l'Accoglienza è iscritta nella storia del movimento se le singole famiglie sono iscritte nella vita della loro comunità: basta che esse siano dentro la vita del movimento, cerchino di vivere la vita del movimento. Potete viverla ai margini, senza prendere conoscenza dei suoi sviluppi di coscienza, e quindi l'influsso sul modo in cui vivete si attesterà a un certo livello; se invece la vivete di più e partecipate di più alla meditazione che continuamente ne approfondisce la coscienza, questo influirà di più sul vostro modo di concepire tutto.

L'Associazione come tale è un'opera di gente, di persone. Grazie a Dio è nata da gente del movimento. Questo fin da subito le ha dato certe caratteristiche, almeno delle esigenze – proprio perché i singoli erano dentro la vita del movimento –, che altrimenti non avrebbe avuto.

La responsabilità che avete è grande, perché l'Associa-

[1] Incontro con le Famiglie per l'Accoglienza, 2 ottobre 1988. L'incontro si è tenuto nel pomeriggio dello stesso giorno della Giornata d'inizio anno a cui fa riferimento il capitolo precedente.

[2] Si fa riferimento al movimento ecclesiale di Comunione e Liberazione.

[3] Vedi il capitolo precedente: *Vivere nella gratuità*.

zione Famiglie per l'Accoglienza è un'opera che dovrebbe investire la totalità del movimento, tutte le famiglie del movimento, come ho detto questa mattina. Di fronte a certi fatti non si può stare con indifferenza, oppure con una ammirazione a distanza o con un'emozione che poi fa andare avanti come se niente fosse. L'accostarsi a certe esperienze fatte da altri deve essere determinante: magari uno darà anche semplicemente cinquemila lire in più per i poveri al Fondo comune! Quanto più i singoli membri delle Famiglie per l'Accoglienza sono iscritti nella vita del movimento e seguono, partecipano allo sviluppo della coscienza del movimento, tanto più proveranno sensibilità e desideri più scaltriti, dal nostro punto di vista, nell'impostare le questioni e l'esperienza familiare, nell'impostare i rapporti con gli altri dell'Associazione e nell'impostare i discorsi.

Noi siamo «Famiglie per l'Accoglienza» solo perché siamo cresciuti dentro la storia del movimento; così anche una non comprensione immediata è stata un mezzo attraverso cui il Signore ci ha chiamati ad approfondire e a verificare la concretezza delle cose udite. È una benedizione anche questa. Essere aiutati all'accoglienza vuol dire prima di tutto essere incrementati nell'esperienza di comunione, in famiglia e ovunque.

La stragrande maggioranza tenderebbe a separarvi, e a qualificarvi come i «competenti» per una inconscia paura: «Ma noi non siamo capaci di essere così». Non si sentirebbero di essere così. Fanno come la volpe esopica per un'inconscia paura.

A noi è capitato che qualche cosa ci ha interpellato direttamente: vedere alcune famiglie già in cammino, già mature per fare un passo. E, fra la sorpresa e in fondo quasi una gioia, abbiamo detto di sì. A tante famiglie basterebbe una piccola spinta perché facessero questo passo, che può fare maturare la coppia e i figli. Ultimamente, alcune famiglie vicino a noi, che hanno incontrato il movimento da un paio di anni, affermano che grazie a questo incontro hanno ritrovato gioia e pace, e hanno cominciato anche loro ad accogliere.

Occorre guardare, come ha fatto lui, con prudenza, se una famiglia è in una posizione favorevolmente interpretabile. È meglio esagerare in eccesso che in difetto, è meglio essere indiscriminati nel proporre piuttosto che essere troppo timorosi, ma non si deve creare senso di colpa in chi non può. Perché questa disponibilità e questa sensibilità sono una grazia che Dio vi ha dato.

L'Associazione Famiglie per l'Accoglienza è un punto di riferimento per la formazione di molte famiglie che attraverso noi possono scoprire che la generosità da cui sono partite è il segno di un'altra cosa. Il movimento ci ha insegnato che la generosità di per sé si perde: cade la speranza e si abbandona il gesto, o lo si porta avanti per moralismo. Noi, per ora, offriamo la testimonianza di chi già vive una esperienza in questo senso e una rete di amicizie. Più che la testimonianza e la compagnia non pensiamo a cercare altro.

Più di così non si può. Il movimento è un'esperienza della fede, vissuta fino alla carità.

Alle vacanze della Fraternità c'era una bambina malata di Aids in adozione; tre o quattro famiglie si sono offerte di accoglierla, dopo un anno e mezzo che era in Istituto perché nessuno voleva affrontare il problema. Le persone dell'Istituto sono rimaste colpite. C'è una sensibilità grande al riguardo. Allora io penso che, da un lato, non si tratti di chiedere l'autorizzazione: chi sente di giocarsi vale la pena che si giochi; dall'altro, è giusto che chi guida la comunità porti come esempio queste esperienze.

Questo è ciò che chiediamo alla Chiesa di Dio e dobbiamo chiedercelo anche fra noi. Non si può avere qualcosa di scritto, una documentazione espressiva, ed esemplificazioni significative della vostra storia? È molto pertinente tutto ciò al problema educativo.

Il rapporto con la gente dell'Associazione è stato il rilanciarsi in una compagnia gratuita fra le persone, in un paziente cammino comune verso il proprio destino. Ci sembra urgente, anche dentro la comunità del movimento, questo lavoro paziente di compagnia e di reciproco accompagnamento, di condivisione in un cammino.

L'unica preoccupazione è che voi, che nel movimento sentite questa urgenza, viviate più coscientemente il movimento. Il resto viene da sé. Anche per l'idea di fraternità[4] non bisogna essere artificiosi: siete già fraternità. Più fraternità di così!

Con questo inizio d'anno[5] l'Associazione Famiglie per l'Accoglienza potrebbe diventare l'esempio, la proposta a tutti. Non che tutti debbano entrare nelle Famiglie per l'Accoglienza, ma questa esperienza è come il fatto più sintomatico dal punto di vista della maturità della vita: non c'è nessun fatto più sintomatico di questo. Quello che mi interessa è la storia e una serie di esemplificazioni. Il movimento non può nascere dai discorsi, ma da un'esperienza.

Uno mi raccontava una volta di una signora che diceva che lei, Gesù Cristo, non lo sentiva. Ma come si fa a sentirlo, Gesù Cristo, come si fa a conoscerlo e a sentirlo?

[4] Si veda in proposito L. GIUSSANI, *L'opera del movimento. La Fraternità di Comunione e Liberazione,* San Paolo, Cinisello Balsamo (Mi) 2002.
[5] Vedi il capitolo precedente: *Vivere nella gratuità.*

Quando tu cambi la modalità di una tua azione, di un tuo rapporto, per la coscienza di Cristo. Se tu perdoni uno che ti ha fatto del male, perdoni perché Cristo dice di perdonare, quell'esperienza del perdono è l'esperienza di Cristo. Perché Cristo è un'esperienza dell'umano, che implica per esempio quella capacità di perdono. Gli altri non sanno, chi non ha perdonato realmente almeno una volta non può capire che cos'è il perdono. È analogo per voi. L'accoglienza che fate di gente che non è della casa e del sangue, è come l'esperienza del Padre che è nei cieli: è l'esperienza di Cristo.

Per molti di noi fare esperienza di Cristo attraverso un estraneo che entra in casa ha significato rivivere e cambiare i rapporti coi figli, col marito o con la moglie. L'esperienza dell'accoglienza pone in evidenza la centralità di Cristo e risignifica la consanguineità. L'ho sperimentato quest'anno, quando mi hanno chiamato a fare un lavoro con le famiglie adottive. Pur non avendo mai avuto diretta esperienza di adozione, nel vivere la compagnia con queste famiglie sono stata aiutata ad approfondire la mia esperienza di maternità: tornavo a casa e guardavo i miei figli in un modo diverso, non potevo essere come prima. È vero, Cristo è un'esperienza dell'umano!

Non si può entrare in rapporto con Cristo se non attraverso le condizioni storiche, concrete, in cui si è toccati, altrimenti è astratto un nostro pensiero su Cristo. E questa cosa è data.

Lavoro in un reparto di neonati e da anni mi trovo a discutere tutti i giorni sul problema della malformazione, spesso a litigare con colleghi e vigilatrici per i quali, quando nasce e ci viene portato un bambino malformato, è naturale dire: «Ma che ci sta a fare? Speriamo che muoia!». Mi sono sentito dire per anni: «Che cristiano sei, se vuoi che dei genitori per tutta una vita debbano soffrire ad avere un bimbo di questo genere?». Volevo raccontare perciò di Daniele, il bimbetto del mio reparto che abbiamo preso in casa con noi. È stata una occasione non forzata. È venuto in mente a mia moglie, che non è nel mio reparto e l'ha visto solo un giorno. È venuta a casa e mi ha detto: «Perché non lo prendiamo noi?». Non è stata una decisione istintiva: abbiamo fatto passare due mesi e mezzo da quando lo ha detto. E adesso è una cosa sempre più viva e reale. La vicenda di Daniele ha creato scompiglio nel reparto. Tutti si sono chiesti: «Ma perché?». All'inizio mi sono difeso dicendo: «È soprattutto mia moglie che ha fatto la scelta, io ero più titubante e timoroso». Però tutti si sono interrogati: «Noi lo abbiamo avuto cinque mesi nel reparto e lo abbiamo assistito, ma a nessuno è venuto in mente di prenderlo». Siccome tutti nel reparto sanno che faccio l'esperienza di Comunione e Liberazione, è stato naturale collegare questa scelta all'esperienza che vivo. Quel bambino poteva rimanere lì e poi andare in istituto, come sarebbe stato normale destino, poiché nessuna famiglia lo voleva in adozione. Con l'accoglienza è come se uno non dovesse neanche spiegare che cos'è Gesù Cristo, lo si vede nel gesto.

Quando facevo la neuropsichiatra infantile a Reggio Emilia, una famiglia aveva avuto una bambina che tuttora non si muove, non cresce, non vede, non sente. La madre aveva comunque sentito e sperimentato che questa bambina poteva essere un dono per lei, sperimentava che era una provocazione forte alla sua vita, le voleva bene lo stesso. Cercava la risposta al perché: «Dove aveva origine, dove prendeva corpo quest'affezione?». Le Famiglie per l'Accoglienza, grazie al movimento, possono essere un aiuto ad agganciarsi a questa origine.

Le Famiglie per l'Accoglienza sono l'esempio più tipico di quello che deve essere la maturità nella vita. Se una famiglia accoglie una bambina handicappata, come faccio a non accogliere il compagno di banco, anche se puzza?

L'Associazione Famiglie per l'Accoglienza per me è stata la manifestazione di tutto quello che il movimento ci ha insegnato riguardo al tema della famiglia.

La famiglia è il perno da cui parte, si lancia, tutto il ponte, tutta l'architettura della società. Proprio per questo il benessere e il valore della famiglia sono semplicemente il corollario della visione del tutto. Se tu parti da famiglie annichilite, senza una visione del tutto, non puoi capire. Proprio perché è il punto fondamentale della società, il benessere della famiglia deriva dalla concezione sana della società. Perciò è artificioso mettere in primo piano la famiglia. Mettere in primo piano lo studio della famiglia significa un pertugio per rimettere in primo piano il tutto, il lavoro del tutto. Siccome la famiglia è il perno intorno a cui tutto si costruisce, per capire la famiglia bisogna capire il resto; se uno non capisce il principio del movimento, la vita della Fraternità, la compagnia, i compagni di lavoro o di scuola, non può capire la sua famiglia. Quando è stato introdotto a capire i compagni di lavoro, di scuola eccetera, e incomincia a "liberarsi" sulla famiglia, allora diventa più potente il sentimento, e la famiglia dà la ricompensa.

Tu dicevi due anni fa a Rimini: «Uno si sente chiamare e gira lo sguardo». L'esperienza di accoglienza, che l'Associazione Famiglie per l'Accoglienza è stata per me e per mio marito, è questo continuare a sentirsi chiamare. Accogliere in casa una persona, averla lì tutti i giorni dalla mattina alla sera, è come sentire sempre quella voce che dice: «Girati!»; e mentre uno si gira e guarda, vede anche la realtà della storia in cui è messo. L'amicizia con le Famiglie per l'Acco-

glienza è stata l'esperienza di una conversione, appunto di un movimento, dentro la storia del popolo di Dio: mi ha chiamato in un altro modo da come pensavo mi avrebbe chiamato.

Il problema vocazionale è talmente corollario, non per il singolo, ma dal punto di vista culturale, che si identificano le due posizioni, così che una diventa specchio dialettico dell'altra. Per esempio, io dico al Gruppo Adulto[6]: prima di accogliere in casa una persona dovete pensarci trentaquattro volte; non per nulla ai figli sono dati come genitori un uomo e una donna; voi non siete un uomo e una donna; dovreste essere maturi come uno a sessant'anni. Inversamente, una casa del Gruppo Adulto è una casa di accoglienza terribile, perché le persone devono accogliersi senza nemmeno il nesso che si stabilisce in una famiglia, fino a un certo punto, che è il nesso maschio/femmina.

Dovendo ripensare a quello che ha generato in me una capacità d'accoglienza, paradossalmente non è stato l'incontrare famiglie «accoglienti»: l'accoglienza mi è stata insegnata da persone che hanno fatto semplicemente l'esperienza del movimento. Tant'è vero che il primo passo accogliente, nel senso concreto e pratico del termine, è stato un passo assolutamente incosciente, se ci ripenso adesso.

È il segno della vocazione: i passi incoscienti sono il segno della vocazione. La vocazione la dà Dio, volenti o nolenti, mentre per il lavoro bisogna avere come primo criterio l'inclinazione.

La natura stessa dell'esperienza di accoglienza non consente a volte che si pubblicizzi, esige discrezione e provoca

[6] Con «Gruppo Adulto» viene comunemente denominata l'Associazione ecclesiale *Memores Domini.* Essa riunisce le persone di CL che hanno compiuto una scelta di dedizione a Cristo e alla Chiesa nella verginità. L'Associazione è stata riconosciuta dalla Santa Sede nel 1988.

la dimensione della libertà, che è un incontro fra chi è in attesa...

...e chi è già stato impegnato. Tre sono le mosse di Dio verso l'uomo: prima, l'elezione (Dio chiama a sé), seconda, la vocazione (contenuto dell'elezione), terza, la requisizione (compito che ci affida con la vocazione).

Stamattina, quando tu hai parlato delle Famiglie per l'Accoglienza ho pensato che uno poteva prenderla come una indicazione cui obbedire. D'altra parte, questo pensiero è subito svanito, perché l'esperienza dell'accoglienza è tale che non si può reggere cinque minuti senza andare al cuore della questione. Così uno può anche seguire l'indicazione che viene data. Io sono nell'Associazione delle Famiglie per l'Accoglienza perché ho obbedito a mia moglie che mi ha detto: «Vai!», e ci sono entrato.

Il vero concetto di obbedienza non è aderire a una cosa senza ragione: anche se non era cosciente, la ragione era implicita; il che non vuol dire adeguarsi a un modello, ma assumere un criterio e affezionarsi a una storia.

Adesso sento davvero di voler essere aperto a tutto il mondo. Monsignor Cox, nei primissimi incontri che abbiamo fatto nel 1983, diceva che lui non conosceva nel mondo esperienze come quella che stavamo vivendo. E quindi, a questo punto, mi sento di essere condotto dal movimento dentro questa obbedienza e disponibilità...

...ad andare al cuore dell'esperienza stessa del movimento, che per sua natura grida a tutto il mondo. Gli altri scambiano questo per una pretesa di essere i soli bravi. Quello che è frutto di un amore viene scambiato per presunzione.

Nell'incontro col movimento, io e mia moglie siamo stati "fulminati". Questo ci ha proiettati in un orizzonte nuovo.

Con le radici sempre solide nel movimento, c'è sempre più l'appetito di continuare questo itinerario, perché è un'esperienza di amore, un'esperienza che proietta al di là di ogni nostra concezione od opera umana. Ultimamente, prima delle vacanze, ci siamo ritirati quindici giorni in montagna per pregare. Dopo trentadue anni di matrimonio è stata la prima volta che abbiamo pregato tanto il Signore perché illuminasse il futuro della nostra casa. Siamo tornati e il Signore ci ha posto davanti dei segni ben precisi e non siamo riusciti a dire di no, e continuiamo in questo cammino di nuove accoglienze anche numerose (cinque bambini), che va contro il buonsenso. Noi siamo fiduciosi nel fatto che la Fraternità già si è messa in movimento.

La Fraternità in cui si sta è una educazione e quindi una prima espressione di una realtà che ci richiama e ci aiuta a camminare in tutto.

La nostra esperienza è partita da una decisione che alcuni di noi hanno preso rispetto a un bisogno che ci è stato messo davanti, quello delle ragazze madri. Il Vescovo ci ha chiamato, ci ha offerto una segreteria e ci ha chiesto di cominciare a lavorare. Ma ciò è stato possibile grazie all'Associazione Famiglie per l'Accoglienza. La persona che ci è più vicina è il Vescovo, che ci stimola a diventare sempre più veri in questo lavoro, tant'è che ultimamente ci ha affidato il consultorio diocesano.

È un coinvolgimento analogo a quello che il movimento deve essere per voi, non innanzitutto operativo, ma della persona. Tutto questo è corollario dell'esperienza essenziale che chiamiamo «movimento».

Spesso la lotta del movimento oggi è sul fatto che tutti sono d'accordo sui valori comuni della vita – salvo gli abortisti e i sostenitori dell'eutanasia –, tutti sono commossi per i valori umani; ma il problema è che anche uno che si commuove e muove mezzo mondo può "tirare" contro il tipo di esperienza che permette di sostenere un certo tipo umano.

La prima questione fondamentale non è il pretesto per diffondere il movimento, o il pretesto per lenire il bisogno di soddisfazione morale, o l'emozione umanitaria che abbiamo addosso, ma è il riconoscimento e l'amore al Fatto nuovo nel mondo e nella storia che rappresenta il destino di tutto ciò che nasce, che è l'essenza dell'esperienza del movimento. Questo è il problema. È un problema personale, non di collettività. Se uno su cento lo vive, influenza i cento. Se, su cento, novantanove sono di CL e non vivono questo, non fanno niente di buono.

«NON DA CARNE, NÉ DA SANGUE, MA DA DIO SIAMO NATI» [1]

Non sono dentro il tipo di esperienza che voi delle Famiglie per l'Accoglienza siete chiamati a vivere, perciò non so quanto pertinente possa essere la mia intenzione di risposta. Mi sentirei più tranquillo nel rispondere battuta su battuta alle vostre domande. Spesso, quando veniva gente che si doveva sposare a domandarmi quello che doveva fare, io dicevo: «Dopo venite voi a dirmi, a insegnarmi, perché io non sono chiamato alla vostra vocazione, devo imparare da voi quello che devo dire agli altri». Per questo ringrazio moltissimo voi e gli autori delle testimonianze. Userò quindi il più possibile le vostre testimonianze per parlare di quella che, da un punto di vista umano e cristiano, mi sembra costituire l'opera più grande, non solo che il nostro movimento, ma che un movimento in genere possa compiere.

L'opera umana e cristiana più grande è che, riconoscendo il Fatto che ci unisce, la propria peculiarità o individualità familiare sappia aprirsi e dilatarsi all'accoglienza di ciò che, umanamente parlando, sarebbe estraneo, anzi, estraneo e ostile, di ciò che è veramente diverso da quello

[1] Appunti da una conversazione di Luigi Giussani con il Direttivo Famiglie per l'Accoglienza, 4 giugno 1989. Il titolo è tratto da *Giovanni* 1,13.

che ci si aspetta, che sempre, infatti, viene recepito immediatamente con una certa ostilità dalla nostra natura.

Sono solito definire l'esperienza del *perdono* come esperienza dell'*accoglienza del diverso*. L'ho detto, la prima volta, proprio per marito e moglie: senza accoglienza del diverso – perciò senza esperienza del perdono – non ci potrebbe essere neanche una convivenza stabile. Tutto il mondo lo documenta. Dico per questo che le Famiglie per l'Accoglienza rappresentano l'opera più grande, più significativa.

La prima caratteristica della famiglia cristiana è la capacità dell'ospitalità (ospitalità o adozione). Che una famiglia cristiana – che una famiglia – riconosca come proprio figlio un essere che non ha niente a che fare con la sua carne e con il suo sangue, è proprio l'attuazione della prima pagina del Vangelo di san Giovanni: «Non da carne, né da sangue, ma da Dio sono nati»[2]. Per questo, anche dal punto di vista educativo, di richiamo pedagogico e dimostrativo per tutta la vita della comunità, quella delle Famiglie per l'Accoglienza è l'opera più esplosiva!

Intendevo innanzitutto sottolineare ciò che più mi preme. Quello che può farvi esistere sarebbe impossibile umanamente parlando (non per nulla l'indissolubilità del matrimonio è fondata sulla stessa ragione della verginità, vale a dire: «Per il regno dei cieli»[3]). Perciò, come testimonianza, le Famiglie per l'Accoglienza, torno a dire, costituiscono secondo me l'opera pedagogicamente più mirabile, più importante di tutte le opere nate dal movimento.

L'ospitalità non è il dare qualche cosa, ma è il dare tutto, è l'implicazione di tutta la vita. Ospitare un altro vuol dire mettere a disposizione casa, tempo, energie: è il proprio io che viene interamente coinvolto. È carità nel suo senso più pieno perché la ragione è il riconoscimento del fatto di

[2] Cfr. *Giovanni* 1,13.
[3] *Matteo* 19,12.

Cristo come unità obbiettiva o unità profetizzata. Fosse anche gente che ha bambini non cristiani in affido, anche lì, è per Cristo che i genitori accettano il bambino musulmano.

In secondo luogo, l'esperienza delle Famiglie per l'Accoglienza sottolinea (anche se non è condizione *sine qua non*) la fatica di una accettazione di diversità altrimenti non molto facilmente digeribili, esige una capacità di perdono, nel senso che dicevo prima, non comune.

Questo è il primo gruppo di pensieri che mi viene sempre quando penso alle Famiglie per l'Accoglienza. Tutte le volte che parlo, esse sono un accenno privilegiato. L'amore a Cristo non è qualcosa che suggerisce certi rapporti, ma coincide con i rapporti. E questo fa capire che l'amore a Cristo non è un'emozione, ma una modalità diversa di trattare l'uomo e la natura. L'amore a Cristo coincide con questo. Qualche volta mi viene da dire a chi si sposa: «L'amore a Cristo coincide con il rapporto uomo-donna», tanto è vero che si chiama Sacramento, realtà che incrementa il fatto che Cristo è nel mondo.

Ci sono di quelli che possono prendersi anche sei, sette, otto, nove, dieci ospiti; mentre una famiglia non può farlo, questo. Perciò non ci si deve misurare: non bisogna mai misurare, la «misura» è la negazione della carità.

Ora, come avete comunionalità e spirito di sacrificio, come avete accettazione longanime dei bambini che adottate, che vi si danno in affido, analogamente il primo ambito in cui questo deve essere imitato è tra di voi. Innanzitutto – è paradossale – tra marito e moglie. Per esempio, una moglie per generosità non può accettare un bambino, se non è sicura che poi il marito la segua, altrimenti è rompere invece che costruire. Ma adesso non voglio entrare nel particolare della vita familiare, anche se voi dovete farlo.

La prima comunionalità, cui questa pedagogia deve aiutare, è tra di voi: un aiuto a un equilibrio tra di voi, un aiuto a che tutti coloro che sono impegnati lo siano con equilibrio. Ho già fatto un esempio prima, anticipando quello che mi veniva da dire: l'equilibrio è come una sanità, essendo la sanità un equilibrio morale e fisiologico. Dovete aiutarvi in questo, perché la generosità può far tutto, può suggerire punte eccessive, e l'ingenerosità può «recuperare» dopo, in grettezza, quello a cui ci si era aperti prima. Perciò questo equilibrio vuol dire suggerire l'umiltà di un limite e ricordare la generosità di una partenza fatta.

Ma, in questo aiuto all'equilibrio, ci deve essere un aspetto, che può apparire ingenuo o astratto: è una collaborazione fra di voi, una collaborazione tra le famiglie per l'accoglienza. Se una famiglia – d'accordo tutti, equilibrata – si è messa in una certa condizione, e le accade qualche cosa che squilibra, la prima carità deve essere verso di essa (in questo senso tocca a voi sollecitare eventualmente la Fraternità del movimento per un aiuto). La prima condivisione del bisogno deve essere tra le famiglie per l'accoglienza, come aiuto a un equilibrio che significhi misura. Occorrono sollecitazione e condivisione, dunque.

In terzo e ultimo luogo, come ogni opera, questa non può non avere un punto di riferimento. Perciò io concepisco questo gruppo come punto di riferimento di tutta l'opera: vuol dire avere l'occhio su tutta l'opera. Da voi dipende osservare tutta l'opera, sostituire provvisoriamente quello che non può essere altrimenti sostituibile, ecc. Per esempio, se a una famiglia capita qualche cosa, si può rimediare tre ore dopo; quindi occorre un occhio totale su tutta la situazione, un soccorso immediato. E qui la parola equilibrio deve giungere fino ai termini ultimi.

Un «nota bene». Vedo qui persone di altre città: questo mi invita a raccomandare che, dal punto di vista del movimento, le Famiglie per l'Accoglienza siano un'opera che investa l'intero movimento, così che, per esempio, anche la famiglia di Catanzaro possa fare qualche cosa con le Famiglie per l'Accoglienza, partecipi alla loro vita, e inversamente il nucleo centrale delle Famiglie per l'Accoglienza si ricordi che c'è anche la famiglia di Catanzaro.

In che senso l'opera delle Famiglie per l'Accoglienza investe l'intero movimento?

Nel senso che, non solo a Milano e a Chiavari, ma anche a Roma e a Catanzaro, le famiglie che si interessano d'accoglienza dipendono da questo gruppo. Allargatevi fin quanto volete, dico che sul movimento le preoccupazioni espresse prima valgono dovunque. Per di più, un'opera che interessi tutta la nazione (e il movimento è sparso dappertutto) ha un'incidenza sociale e anche politica molto più grande. Per questo io dico sempre al Sindacato delle Famiglie[4] che o è strettamente funzionale, per esempio alle Famiglie per l'Accoglienza o al problema delle famiglie come tale, oppure si limita, si inaridisce: ci deve essere un nesso. Famiglie per l'Accoglienza è l'unica opera che ci sia sulla famiglia. Il Sindacato delle Famiglie non può essere concepito e agire, a mio avviso, parallelamente, in modo totalmente parallelo, o meglio puramente collaterale. Deve esserci una «funzionalità a». Ora, funzionalità a che cosa? La funzionalità deve essere a un maggior agio, a una maggiore possibilità d'aiuto, a una maggiore diffusione delle Famiglie per l'Accoglienza. Inversamente, le Famiglie per l'Accoglienza saranno le prime a essere interessate a una battaglia, se, ad esempio, il Sindacato delle Famiglie portasse avanti quella per gli assegni familiari o per la libertà

[4] Il Sindacato delle Famiglie è un'associazione sorta a Milano nel 1982 e ormai diffusa in tutta Italia con oltre 50mila famiglie iscritte. L'associazione si propone di tutelare la famiglia difendendone e promuovendone i diritti a livello culturale, sociale, politico ed economico. Come l'Associazione Famiglie per l'Accoglienza, fa parte del *Forum delle Associazioni Familiari* costituito a Roma per volontà della Conferenza Episcopale Italiana.

della scuola. Su questo si innesta quindi anche il problema della scuola, dell'educazione.

L'ideale dell'uomo non è la famiglia, l'ideale dell'uomo è un uomo che stia bene. Perciò c'è il problema dell'educazione, il problema dei soldi. E questo è un corollario molto importante – che riguarda il Movimento Popolare[5] – che ha la sua radice nella carità verso l'uomo che qualifica l'educazione cristiana.

Io vi ringrazio moltissimo: poche cose capisco utili come questa. E poi è una sorpresa che ci siano mille famiglie, mentre prima pensavo che fossero alcune soltanto. Allora diventa troppo importante la prestazione del nucleo centrale: è un servizio enorme, che tra l'altro si riverbera sulla vostra iniziativa personale.

Un secondo «nota bene». Vi prego di usare «Litterae Communionis»[6]: la gente deve sapere! Che la gente sappia! Perché uno è rincuorato nel sopportare la sua malattia, il suo cancro all'ultimo stadio, sentendo queste cose; uno è rincuorato nella fatica della sua fede.

Che cosa deve rientrare nelle Famiglie per l'Accoglienza? Per esempio, arriva una famiglia dal Perù e purtroppo non posso portarla a casa mia...

La mia risposta è che innanzitutto si favorisca in ogni comunità rilevante l'identificazione di ambiti di Famiglie per l'Accoglienza. Questa è la prima «propaganda» da fare.

Se in ogni città o in ogni grosso centro ci fossero due,

[5] Il Movimento Popolare (MP) nasce a Milano nel 1975. Alcuni adulti formatisi in Comunione e Liberazione e altri cattolici dettero vita a uno strumento che favorisse una presenza cristiana nella società italiana, nel solco della tradizione del movimento cattolico e seguendo le direttive dei vescovi. In seguito alla nascita e allo sviluppo della Compagnia delle Opere, che assunse il patrimonio ideale e operativo che era stato di MP, esso cessò le attività nel 1993. Vedi qui, nota 14, p. 25.

[6] «Litterae Communionis» è la rivista ufficiale di Comunione e Liberazione. Dal settembre 1993 la rivista ha assunto il nome di «Tracce-Litterae Communionis».

tre, ventisette famiglie disponibili, dopo se ne può fare il censimento; in tale censimento, le famiglie che riguardano i casi eccezionali, cioè i minori, o i genitori, i parenti degli ammalati che sono negli ospedali, dovrebbero secondo me stringersi in unità dentro la vostra Associazione. Le altre no, le altre potrebbero far parte di un elenco più ampio, per cui se un mio amico deve andare a Tirano, può rivolgersi alla tal famiglia.

Occorre fare una prima raccolta: l'identificazione di nuclei nelle singole città, di famiglie che hanno una funzione verso i minori, verso un bisogno, un bisogno obbiettivo, fisico. Queste dovrebbero entrare nella vostra Associazione, e le altre, le famiglie per l'accoglienza nel senso generico del termine, rientrare in un elenco più vasto. Soltanto, distinguerei l'Associazione da questo elenco, per non creare un organismo elefantiaco e inutile, non necessario, almeno per adesso.

E quando ci si trova davanti a persone che ci domandano una compagnia, una condivisione, in situazioni difficili?

Questo però è il contenuto della comunità o della fraternità. Ci possono essere emergenze o dubbi o interrogativi che possono essere portati a questo livello. Ad esempio: c'è una ragazza che deve partorire, che diventa una ragazza madre, e ha un problema di vocazione, futuro; non si può portarla qui, alle Famiglie per l'Accoglienza, automaticamente. Sviluppando il rapporto con lei, potresti invitarla alla tua fraternità. Dico che il problema che si pone è un problema da fraternità o da comunità, salvo il rapporto personale a cui uno si rassegna.

Ieri, al raduno di fine anno, il terzo punto era «la libertà dall'esito». Come questo ci riguarda?

La libertà dall'esito è la condizione perché sia «carità» il motivo. Ma questo è vero per qualsiasi rapporto l'uomo viva in rapporto con l'Infinito, con Dio. Nel rapporto con Dio non esiste la misura, perciò non esiste l'esito. Per questo il pubblicano è uscito dal Tempio benedetto da Dio: ed era uno «sporco peccatore», dicevano tutti. Senza la libertà dall'esito, uno neanche incomincia, è handicappato nel cominciare.

La tentazione per noi, almeno per me, è vedere questa iniziativa come a sé stante. Ho capito invece che non possono esserci verità e novità rispetto all'accoglienza, se non riferite a una verità e novità che si vivono seguendo il movimento. Mi sembra una questione fondamentale, perché il rischio è spesso quello di diventare autonomi rispetto a un'origine che è molto più ampia della cosa stessa cui ci si dedica. Il rischio è che noi facciamo un'associazione specialistica.

Che sia specialistica o non specialistica non dipende tanto dalla modalità di concezione del disegno dell'opera, ma da come sei tu. Se sei immerso nell'esperienza della fede, come movimento, allora anche quello che fai lo senti parte ed espressione della vita della comunità. E infatti la logica è molto chiara: «Noi accogliamo perché siamo accolti». Chiunque lo può dire: «Signore, fammi capire ciò di cui sono fatto, perché io non sono né natura né storia, io sono accolto!». Noi accogliamo perché siamo accolti. Come dice san Giovanni: «Amiamo perché siamo stati amati». Questo e solo questo è ciò che deve avvenire qui, altrimenti si può essere generosissimi fino a dare il corpo alle fiamme – come dice san Paolo – e non valere niente. Il dare via tutti i soldi, il proprio corpo alle fiamme, se non vi è la carità, non vale niente. Che cos'è la carità? È il riconoscimento di essere amati. È il riconoscimento di Cristo, cioè che Dio ci ha amati. Uno, cristianamente parlando, dovrebbe accogliere la fatica del suo lavoro perché viene accolto, si sente accolto, da Cristo. Per questo la carità nasce dalla carne.

Che cosa fa essere liberi e lieti nel sacrificio?

Se un sacrificio non lo potete fare, se lo fate senza letizia, piuttosto non fatelo! Ma io non posso risponderti bene eccetto che con la parola «riconoscimento». Dopo vent'anni di matrimonio, anche dopo quindici, dieci, o meno ancora, quello che c'è tra un uomo e una donna è un riconoscimento profondo, che è senza paragone con l'affettività iniziale, molto più grande, ma diverso. Come dice la poesia di Ada Negri, che cito sempre, *Mia giovinezza*: «Non t'ho perduta. Sei rimasta, in fondo all'essere. Sei tu, ma un'altra sei»[7] – più grande!

È molto preziosa questa osservazione. È una preoccupazione che io ho sempre, e l'ho sempre dal punto di vista strettamente morale: non si deve misurare. A ognuno il suo, la sua dimensione, nella disponibilità a Dio. E non sai quel che ti chiederà domani. Come dice una frase di Puecher, che è morto partigiano ed era veramente un grande cristiano: «Proteggimi, o Dio, perché partendo questa mattina non so dove mi farai fermare questa sera». Questa disponibilità è la grandezza.

Vi ringrazio moltissimo e vi raccomando di non lasciar passare mai una giornata senza pregare la Madonna. Quando mi vengono a chiedere: «Cosa dobbiamo fare?», io rispondo: «Dite una preghiera o anche solo un'*Ave Maria* alla Madonna tutti i giorni insieme». E mi dicono: «Ma è tutto qui?».

Comunque, diciamo un'*Ave Maria* per le nostre famiglie.

[7] A. NEGRI, *Mia giovinezza*, in *Mia giovinezza*, Rizzoli BUR, Milano 1995, p. 78.

L'ABBRACCIO DEL DIVERSO[1]

Quando si diventa vecchi, si diventa saggi e il pensiero di Dio diventa abituale, si capisce che sarebbe inutile fare qualsiasi cosa, se non ci fosse Iddio. Diciamo perciò una preghiera alla Madonna, la prima che ha accolto in sé il «grande diverso», ha accolto in sé Dio.

Ho accettato di venire soprattutto per sentire i vostri interventi – siano essi fatti sotto la forma di una testimonianza descrittiva o di una domanda più o meno ansiosa –, e per farvi reagire il mio animo, perché assimili da voi quell'imitazione di Dio di cui è pregno ogni gesto di accoglienza.

La vostra non è innanzitutto un'organizzazione, ma un'*esperienza*; la parola esperienza indica il nesso che il nostro agire ha con la sua sorgente ultima, il mistero di Dio. È nell'esperienza che Dio arricchisce il nostro niente e perdona la nostra miseria facendola agire, facendola partecipe della Sua «attività» (è una parola banale, ma non sappiamo trovarne un'altra) di Creatore, di Ricreatore, di Redentore. L'esperienza proclama sempre un nesso con Dio. Infatti un'esperienza diventa cattiva quando questo nesso con Dio non sia riconosciuto e la costruzione sia tentata a prescin-

[1] Appunti da una conversazione di Luigi Giussani con il Direttivo Nazionale dell'Associazione Famiglie per l'Accoglienza, Milano, 22 Giugno 1991.

dere da Dio o addirittura contro la legge di Dio: non può durare a lungo un'esperienza che non rispetti la grande sorgente da cui nasce tutta l'energia umana.

«Chi fa, falla»; ma dentro lo stesso fallo avviene la bontà di una Redenzione attraverso l'umiltà di un perdono accettato e, prima ancora, attraverso la contrizione di un riconoscimento del proprio errore. È proprio attraverso il fallo che normalmente – dico addirittura normalmente – l'uomo cammina di più verso Dio. È il sistema che Dio ha usato. All'inizio del grande processo umano, ha permesso (lo diciamo umanamente parlando) una cosa misteriosamente tremenda – che stringe ogni uomo che viene in questo mondo, lo angustia, nel senso latino della parola, gli stringe la gola, lo fa passare per strettoie, in una via che altrimenti avrebbe dovuto essere larga e tranquilla –: il peccato originale. Per il peccato originale, Dio è diventato uno di noi, questa storia che Dio ha voluto costruire ha portato Lui stesso dentro la nostra carne.

La vostra è un'esperienza, perciò è un nesso con il divino, è un nesso con il Mistero, ma non diciamo più parole astratte, diciamo parole che la nostra storicità crede: è un nesso tra voi e Cristo, tra voi e Dio fatto uomo.

Solo dall'esperienza può nascere, anzi, è normale che nasca una volontà di aiuto vicendevole. La vostra esperienza è una *compagnia*, prima che un'organizzazione o una struttura. L'esperienza implica e mette in gioco il tuo io, la tua persona, non l'adesione a un'associazione. La tua persona, col calore di amore e di sacrificio che deve utilizzare, resta più aperta come sensibilità al sacrificio e alla gioia degli altri; quindi si stabilisce una facilità di appoggio l'uno all'altro in cui consiste la vita di una amicizia.

La vostra è un'esperienza ed è un'amicizia. L'organizzazione e l'associazione sono strumento di aiuto a queste due cose: all'esperienza personale e all'amicizia vicendevole.

L'esperienza e l'amicizia (o compagnia) che nasce dall'esperienza hanno una caratteristica che dimostra la loro vicinanza a Cristo. L'esperienza è un orizzonte che si dilata sempre di più: quanto più uno vi penetra accogliendola, quanto più uno vi cammina dentro, tanto più essa si allarga, con un orizzonte che diventa sempre più grande. La compagnia è un'amicizia che traduce in termini passeggeri, ma di valore non passeggero, il rapporto con Cristo.

«Anche noi, dunque – scrive san Paolo nella Lettera agli Ebrei – circondati da un così gran numero di testimoni...»[2]: la Chiesa è veramente un grande popolo di testimoni! Tante volte viene la tentazione di separare le cose piccole dalle grandi, ma il piccolo è talmente folto, intenso, che non c'è più il piccolo o il grande, tutto è grande. Ho visto una giovane mamma che cercava di imboccare il figlio spastico con un cucchiaio che si perdeva sulla faccia: è divino, è grande come Dio! Per questo io avevo vergogna a venire da voi.

«Anche noi, dunque, circondati da un così gran numero di testimoni, deposto tutto ciò che ci è di peso...»[3]: si può deporlo vivendo, lo si depone vivendolo; se uno non lo vuol vivere, allora non lo depone e il peso lo definisce.

«Deposto tutto ciò che è di peso e il peccato che ci assedia...»[4]: non siamo i redentori di noi stessi; la nostra fatica nel soccorrere il bisogno dell'altro, della vita che ci è davanti, tra le braccia, non è un gesto che redime, che può redimere la nostra vita, che può redimere il mondo. Quando noi siamo appena appena attenti, sentiamo ben lontana da noi la tentazione dell'orgoglio, di una soddisfazione moralistica di noi stessi; percepiamo benissimo la strana commistione di impeto di generosità, che persegue il bene e la verità riconosciuta, e di sproporzione,

[2] *Ebrei* 12,1.
[3] *Ibid.*
[4] *Ibid.*

una sproporzione in cui la stanchezza e l'equivoco penetrano.

«Anche noi, dunque, circondati da un così gran nugolo di testimoni, deposto tutto ciò che è di peso e il peccato che ci assedia, corriamo con perseveranza nella corsa che ci sta davanti»[5]. «Corriamo con perseveranza»: la parola perseveranza ricorda la grande parola che Cristo ha ripetuto, più di tutte le altre, nell'ultimo discorso che ha fatto ai suoi discepoli prima di andare a morire: rimanete, permanete, rimanete in me.

«Corriamo con perseveranza nella corsa che ci sta davanti»: se uno va fino alla fine, non è perché ha costruito lui una cosa definitiva; dopo tanto tempo, uno capisce che è come in principio. Chi va fino alla fine è strumento del braccio di Dio nel mondo e perciò collabora alla redenzione finale, quando tutto ciò che è storto ritornerà com'è nella mente creatrice di Dio, diritto, e tutto ciò che è lordo e pesante diventerà leggero e libero, e tutto ciò che sembra dover morire, o soffocare il tempo della vita da un momento all'altro, diventerà vita, vita eterna.

In un altro brano della Lettera agli Ebrei, san Paolo specifica la strada su cui dobbiamo correre con perseveranza: «Perseverate nell'amore fraterno»[6].

Voi parlate dei vostri bambini, dei vostri figli, carnali o non carnali, perché in ultima analisi è lo stesso: il Concilio Vaticano II ricorda che primo sintomo della famiglia cristiana è la disponibilità all'adozione. Nell'adozione si avverte tipicamente quello che dice san Giovanni nella prima pagina del suo Vangelo, quando parla di coloro che «non da carne, non dalla volontà di uomo, non dall'istinto sono nati, ma da Dio»[7]. Così che il figlio carnale viene da Dio,

[5] *Ebrei* 12,1.
[6] *Ebrei* 13,1.
[7] Cfr. *Giovanni* 1,13.

come il figlio le cui deficienze hanno destato in te questa misteriosa e miracolosa pietà; e tu l'hai abbracciato e te lo sei portato con te.

«Perseverate nell'amore fraterno, non dimenticate l'ospitalità». La parola *ospitalità* o *accoglienza* riguarda la *persona* intera. A differenza di tutte le altre forme di carità, questa è la carità alla persona come tale, riguarda direttamente la persona come tale.

Se uno ha il piede rotto e tu l'aiuti, aiuti la persona che ha il piede rotto. Nell'adozione o nell'affido, più sensibilmente e visibilmente, più tipicamente, proprio la persona è l'oggetto del gesto.

«Non dimenticate l'ospitalità; alcuni, praticandola, hanno accolto degli angeli senza saperlo»[8]. San Paolo si riferisce a tanti brani dell'Antico Testamento. Ma, dopo Cristo, si può dire: «Ricordatevi che praticando l'ospitalità avete accolto, anche senza che ve ne accorgeste, l'angelo di Dio, cioè avete accolto la presenza di Dio, il modo della presenza di Dio nella vostra vita».

Nell'accoglienza come tale è impossibile che ci sia qualche cosa di astratto, perché l'accoglienza ha come suo oggetto proprio, prima che la gamba rotta o la frattura psichica, la persona che viene accolta. Anche senza saperlo e anche senza che tu ci pensi, Iddio te l'ha mandata. E, accogliendola, tu accogli Cristo.

Spero che voi vi siate abituati a rileggere il venticinquesimo capitolo del Vangelo di san Matteo per consolarvi della vostra fatica e confortarvi dei vostri errori umani. L'accoglienza è il simbolo, il tipo di qualsiasi aspetto della carità: *accogliere l'altro* vuol dire *accogliere Cristo.*

Ma io volevo soffermarmi su un punto che spero nel dialogo con voi trovi paragone o conferma, o riveli tutta la sua fatica: *l'accoglienza è del diverso*. La dimensione pro-

[8] *Ebrei* 13,2.

fonda, per cui l'accoglienza rende simili a Dio che crea e redime, è la *diversità*, il non coincidente con quello che noi immagineremmo, ci piacerebbe, ci consolerebbe.

È la categoria, la dimensione che ci fa assomigliare a Dio. C'è una diversità più grande di quella tra l'essere e il nulla? Questa è una diversità infinita. L'Infinito ha creato dal nulla, ha accolto il nulla che sono io e che sei tu, ha accolto il niente: tu e io non solo eravamo niente, siamo niente e Dio accoglie me e te. «Padre nostro che sei nel profondo di me, da cui io nasco e sono» (lo dice il decimo capitolo del *Senso religioso*[9], che spero abbiate meditato; se non l'avete fatto, vi prego di andare a rivederlo). C'è qualcosa di più drammaticamente e terribilmente diverso che la diversità fra l'essere e il niente? Più terribile ancora è la diversità fra il Dio diventato uomo per amore degli uomini che ha accolti (Dio ci ha accolti diventando uomo, e ci ha abbracciati, nel senso letterale del termine, in quanto il battesimo è proprio un abbraccio fisico permanente ed eterno) e l'uomo peccatore; più terribile è questa diversità tra la purità assoluta, tra la verità e la bellezza assolute, e il peccatore.

Diventando vecchio, una delle due o tre cose che non riesco a frenare nel loro approfondimento affascinante, pieno di timore e di tremore, è non tanto il concetto, ma l'esperienza dell'essere peccatori. C'è una differenza più grande di quella tra il Padre che mi crea e la mia dimenticanza e il mio rinnegamento, il mio peccato?

L'accoglienza come abbraccio del diverso: io uso questa espressione per definire la parola *perdono*. L'accoglienza è realmente perdono, l'abbraccio del diverso. Accogliere e perdonare: è lo stesso. In questo senso, in casa vostra, la prima accoglienza, e perciò il primo perdono, è con vostra moglie e con vostro marito.

[9] L. GIUSSANI, *Il senso religioso*, Rizzoli, Milano 1997, pp. 139ss.

L'accoglienza è l'*abbraccio del diverso*, e per questo vale per tutti i nostri rapporti. L'abbraccio del diverso si chiama «perdono», perché per abbracciare un diverso bisogna prima perdonarlo. Perdonare vuol dire affermare, sotto tutto il cascame, ciò che di vero e di giusto, di buono e di bello, di essere, c'è nell'altro: l'essere dell'altro. L'essere tuo è più grande e più profondo, più importante dei mille, mille e mille tuoi peccati. È un concetto che esprimeva Giovanni Paolo II nella sua enciclica *Dives in misericordia*[10].

Che razza di fatica bisogna vivere tutti i giorni per accettare di dire queste cose – che sono le più grandi cose che si possano dire dell'umano – in un modo così inadatto, così inadeguato! La gratuità pura in questo abbraccio non è possibile. Per questo san Paolo parla del peccato che ci assedia. La gratuità pura nell'accoglienza, nel perdono, nel rapporto con vostra moglie o nel rapporto con il figlio adottato, in qualunque condizione sia, anche nelle condizioni peggiori (sostanzialmente la struttura della questione è la stessa), non è possibile: non è possibile la gratuità, se non ci si muove per amore di Cristo.

Nel venticinquesimo capitolo di san Matteo si trovano parole consolantissime: «Venite, benedetti dal Padre mio, a ricevere la ricompensa, perché avevo fame e mi avete sfamato...»[11]. Ma come? Non ti abbiamo mai visto! «Ogni volta che l'avete fatto al più piccolo di questi, l'avete fatto *a me*». Anche senza pensare a Lui direttamente, ci può essere una purità nell'affrontare l'altro, marito o moglie o persona comunque bisognosa che voi accogliete e abbracciate fino all'accoglienza (non scandalizzatevi se faccio il paragone con il rapporto marito-moglie, perché in fondo è

[10] Giovanni Paolo II, *Dives in misericordia*, Lettera enciclica, 2 dicembre 1980, in «La traccia», (1980), pp. 1021ss.
[11] *Matteo* 25,34ss.

vero); ci può essere una gratuità nell'accoglienza di un diverso anche umanamente parlando, ci può essere un impeto veramente gratuito, puro, anche senza pensare a Cristo: ma allora è un miracolo che fa Cristo. Cristo può fare miracoli senza che uno se ne accorga. Se ne accorgono gli altri, come mi sono accorto io guardando la ragazza che imboccava il figlio spastico. Per questo ho detto: «Dio, fammi essere come questa ragazza».

Comunque, non ci può essere gratuità senza Cristo, se non per un amore a Cristo. Laddove l'impeto è una grazia, è un miracolo che Cristo fa alla persona; vuol dire che quella persona presto o tardi è chiamata a trovarsi di fronte la faccia di Cristo e a dire: «Eri dentro quel ragazzo, quel compagno, eri dentro la persona che io ho accolto e non lo sapevo. Ti ringrazio, o Cristo, di avermi fatto compiere qualcosa che non avrei compiuto».

Non si può vivere l'accoglienza, se non per amore di Cristo. Per amore di Cristo vuol dire: *imitando Cristo*. Il supremo paragone, il supremo esempio dell'accoglienza è Dio che ha avuto una tale pietà per l'uomo da diventare uno fra noi e da morire per noi: la Redenzione. Qualsiasi gesto di accoglienza riecheggia questo.

Accogliere l'altro, voler bene all'altro, è imitare Cristo, è accogliere Cristo. Il fare quel che fate è amare Dio, è amare Cristo, è affermare che l'esistenza è positiva, cioè che c'è Dio, è affermare che nell'esistenza vince il bene, Cristo. Quanto più quello che fate nella vostra generosità lo fate in questa coscienza, tanto più la vostra generosità non sarà alla mercé delle vostre voglie, della vostra stanchezza, dei vostri umori. Altrimenti l'umore, l'istintività, il parere misurano quello che fate. E, oltre a un certo limite, dite: «No, più di così non è possibile, questo non riesco a farlo». Per questo ho fatto il paragone con il rapporto tra l'uomo e la donna: solo con Cristo il rapporto tra l'uomo e la donna può essere indissolubile. È fatto per essere indissolubile, ma solo con Cristo lo può essere. Solo con Cristo può andare fino in fondo l'atto di generosità con cui realizzi un'accoglienza.

Un «nota bene». La coscienza del rapporto con Cristo moltiplica la forza dell'immaginazione, moltiplica l'energia della dedizione, rende perseveranti. Lo dicono l'ottavo e il nono capitolo della Seconda Lettera di san Paolo ai Corinzi, che danno il modulo con cui essere caritatevoli.

L'amore a Cristo vi può condurre con tranquillità, vale a dire con umiltà, a dire: «Più di così io non posso e non riesco a fare», e vi può far raggiungere il senso del vostro limite, vi può rendere così liberi, cioè così umili, da capire come l'uomo sia povero, da capire la vostra propria povertà, che di fronte agli albanesi che vengono ributtati al di là dell'Adriatico non riesce a fare niente. È una cosa che può lasciare nella pace solo se io offro a Cristo il dolore di questo e di quelli e dico: «Signore, questo rientra nel disegno misterioso con cui tu hai cominciato la creazione, permettendo il male, l'ingiustizia, il disastro, e la condurrai al bene». Ma io non posso, come fa tutta l'educazione, far dimenticare queste cose, far dimenticare l'alluvione in Bangladesh o il dramma del Libano o degli albanesi.

Solo l'amore a Cristo può far emergere questa suprema purità della gratuità che è l'umiltà, l'umiltà del proprio limite; il proprio limite non sarà allora ingenerosità, non verrà a gravare la coscienza come un peccato: riconoscere il proprio limite sarà anch'esso un'accoglienza. Attraverso l'accoglienza di quello che uno riesce e può fare, è l'accoglienza del mistero di Dio che tutto fa. È Dio che salva, fa per salvare, fa vivere, dà l'esistenza per la vita eterna. Per questo anche una parola di conforto – «coraggio!» – ha un valore eterno.

Quello che sto dicendo non mi sembra astratto, perché

poco o tanto, per vivere ragionevolmente, da uomo, uno deve ricordarsi queste cose. Tutte queste osservazioni fanno diventare grande, ai nostri occhi di fraterni spettatori, pronti ad aiutare per quel poco di cui si è capaci, anche con la sola parola «coraggio», quello che fate. Come è grande lo spettacolo!

Quando ricevo certe lettere, per minuti interi non riesco più a fare altro; e quando c'è qualche raduno leggo le ultime che ho ricevuto. E dovete scusarmi se rispondo solo a poche, perché la vecchiaia grava sul cumulo di cose da fare e rende più difficile l'agilità nel farle.

«Siamo fatti spettacolo agli angeli, agli uomini e al mondo»[12]. Non esiste niente sulla terra di così umano come la Chiesa di Dio, e in essa non esiste niente di così umano come l'accoglienza che vivete voi. È un simbolo; non è solo l'accoglienza così come la vivete voi, perché voi siete stati chiamati a essere simbolo per tutti noi. Tutta la vita della Chiesa, tutta la vita del popolo cristiano dovrebbe essere un'accoglienza come la sentite in voi travolgere i muri delle resistenze e sostenere vite che altrimenti il mondo eliminerebbe.

La cosa più bella che ci sia nel movimento è la realtà della vostra amicizia per l'accoglienza, ma proprio perché è un simbolo, come una bandiera che richiama a tutti ciò per cui si deve combattere. Per che cosa si deve combattere? Per l'umano e per l'eterno.

L'altro giorno ho visto un extra-comunitario che si è fermato di fronte a due ragazzi che stavano parlando fra di loro per chiedere qualcosa. I ragazzi gli hanno detto che non avevano nulla, e quello è andato via. Ho chiesto a chi mi accompagnava di rincorrerlo; l'ha trovato e gli ha dato diecimila lire. Quanti bisogni nel mondo dovremmo rincorrere così!

[12] *1 Corinzi* 4,9.

L'IMITAZIONE DI CRISTO[1]

Abbiamo desiderato incontrarci con te per essere aiutati a fare meglio quello che stiamo facendo, cioè per essere sempre più consapevoli e responsabili nei confronti dell'Associazione. Ti abbiamo chiesto aiuto su tre punti. Innanzitutto, vogliamo domandarti come mai tu così spesso richiami a tutto il movimento l'esperienza delle Famiglie per l'Accoglienza, i cui connotati «oggettivi» non sono poi così rilevanti: siamo appena duemila famiglie!

Ne basterebbe una!

Qual è il «nocciolo» di questa nostra esperienza di accoglienza, cioè il valore che tu richiami a tutti?

Vi ringrazio innanzitutto dell'invito. Non avrei forse dovuto accettarlo, perché avreste bisogno di persone che sono implicate in una esperienza come la vostra: solo chi è più maturo nell'esperienza che facciamo, infatti, ci può aiutare.

Questa prima domanda, però, mi apre il respiro: chiedersi il motivo di un atto di carità vuol dire porre sul tappeto la ragione stessa del dire che la carità è la legge della vita. Perciò, anche se sono cose che vi ho già detto altre

[1] Appunti da una conversazione di Luigi Giussani con il Direttivo Nazionale di Famiglie per l'Accoglienza, Milano 7 novembre 1992.

volte, *repetita iuvant*: se avete ripetuto la domanda, mi permetterete di ripetere la risposta.

Accogliere una persona, nel senso pieno del termine – così come mi pare che le Famiglie per l'Accoglienza indichino –, vuol dire dilatare la propria vita fino ai confini della vita di questa persona, implicarla nei confini stessi della propria vita. Non si tratta di dare da mangiare, di un'ora da passare, di dare da dormire: si tratta di dare da mangiare, di dare da dormire, di accogliere per un'ora, di stare attenti quando piange, di stare attenti quando ride, di stare attenti ai suoi bisogni, ma esattamente come – il paragone è unico – per un figlio. L'accoglienza di cui le Famiglie per l'Accoglienza devono parlare è l'accoglienza di un padre e una madre verso i loro figli, di un fratello verso suo fratello, come *I due orfani* di Pascoli, a cui sono morti la mamma e il papà, e sono solo loro due. Innanzitutto, dunque, l'*accoglienza* implica o indica una *totalità di abbraccio*, una totalità di interessamento. Veramente è nell'accoglienza che la formula «Ama l'altro come te stesso» viene applicata, anche fisicamente, formalmente, proprio come forma.

Io intendo parlare alle Famiglie per l'Accoglienza esclusivamente in quanto questa totalizzazione dell'accoglienza venga messa in preventivo. Anch'io posso fare accoglienza, anche lui può fare accoglienza, ma un'accoglienza del genere di quella che voi fate o esige una famiglia o crea in senso analogico una famiglia. La famiglia è il primo fenomeno, per natura, in cui l'accoglienza assume questi connotati totalizzanti. Può darsi che una persona sola possa accogliere un bambino o accogliere un giovane come se fosse suo figlio: formerebbe analogicamente una famiglia.

Quindi io mi permetto di insistere sul valore dell'accoglienza, perché la sua natura totalizzante esprime il carattere proprio della più grande virtù, a cui tutti i valori della vita fanno riferimento: la virtù della *carità*, cioè dell'amore gratuito, dell'amore che non è generato e non si sostiene per un calcolo o per un tornaconto, anche se di tornaconti ce ne possono essere, ma non è vissuto per un tornaconto, non è vissuto per un calcolo. L'accoglienza realizza, assomma, la virtù della carità, realizza quindi al sommo la natura stessa della dinamica umana, del dinamismo umano come imitatore di Dio, cioè realizza l'ideale dell'amore. In questo fenomeno si riverbera il mistero della Trinità, poiché il mistero della Trinità è – analogicamente parlando – un'accoglienza infinita, totalizzante all'infinito e infinitamente gratuita. Quest'ultima osservazione non riflette nient'altro che il valore proprio della vita dell'uomo in quanto imita Dio, vale a dire la virtù dell'amore; dell'amore in quanto totalizzante e totalmente gratuito nella sua genesi, nella sua motivazione, totalmente gratuito come imitazione di Dio, del mistero di Dio.

È per questo che faccio gran caso alle Famiglie per l'Accoglienza: non c'entra che siano duemila invece che tre; se fosse una sola, la citerei come esempio. Non c'è nessun altro paragone, perché in ogni altra applicazione della condivisione della vita dell'altro c'è una parzialità che qui, per definizione, non c'è.

Non c'è neanche nelle accoglienze temporanee? Per esempio un affido, o il caso di un bambino che stia con noi un mese...

È la natura del rapporto il punto. Il termine dell'affido, o dell'accoglienza, se non dipende da voi, cioè se non è influente sulla decisione, determinante la decisione, non toglie che la disponibilità che voi date sia totale: sarà una disponibilità totale che vivete per trenta giorni, invece che per trecentotremila. Perciò non mi pare che il limite snaturi il valore della cosa.

Se il limite non è assunto nella decisione...

Ho detto: «Se il limite non è assunto nella decisione», perché il valore di una virtù sta nella totalità della disponibilità, nella disponibilità totale che l'uomo offre a Dio, con cui l'uomo si offre alla situazione, cioè a Dio. La vera applicazione, la vera realizzazione del valore dell'accoglienza è là dove essa, per quello che dipende da noi, non ha limite; non ha limite nella modalità di convivenza giornaliera, come non ha limiti nel tempo e nello spazio. Così come per i figli.

Perciò questa domanda è importante, perché il vostro sforzo, nel senso di ascesi – «sforzo» è la parola che traduce il termine greco «ascesi», e che vuol dire anche, in termini descrittivi della vostra vita, «virtù» –, il vostro sforzo, la vostra ascesi, la vostra dedizione devono cercare come scopo non quello di tacitare un rimorso (il rimorso che uno potrebbe sentire di fronte al bisogno dell'altro e al proprio mancato aiuto), non devono tendere a una soddisfazione egocentrica o orgogliosa, non devono far dire, come il fariseo: «Io queste cose le faccio, sono bravo, gli altri non le fanno»[2]; nel vostro gesto, la disponibilità deve giocarsi proprio per imitare l'amore di Dio.

Senza la coscienza dell'imitazione dell'amore di Dio, dell'amore che Dio ha per noi, neanche ai figli si può voler bene: ci sarebbe un argine oltre il quale non si sarebbe disposti a tollerare, si amerebbero i figli nella misura in cui corrispondessero a un'immagine che ci siamo fatti di essi.

Con questa osservazione voglio dire che il valore dell'accoglienza sta nella generosità totalizzante, nella disponibilità totalizzante del cuore che si offre. Se non fosse così, l'individuo che accogliamo subirebbe facilmente delle ingiustizie, subirebbe i nostri limiti, sarebbe destinato a

[2] Cfr. *Luca* 18,11.

subire i difetti del nostro carattere (li subirà lo stesso, ma è diverso: anche noi soffriamo i difetti del nostro carattere, ma non li programmiamo!).

Insomma, l'accoglienza è il fenomeno etico che più imita quello che Cristo è di fronte a ogni uomo, quello che Cristo è con ogni uomo. A Zaccheo – quella di Zaccheo è la mia pagina del Vangelo! – Gesù non ha chiesto: «Senti restituisci quello che hai preso, fa' il bravo, non rubare più», ma ha detto semplicemente: «Vengo a casa tua»[3], cioè sto con te. L'accoglienza è «stare con». Per questo il moralismo è l'anticristianesimo per eccellenza. Il cristianesimo non nasce come predicazione di virtù, nasce come accoglienza di una presenza. Se tu accogli questa presenza, sei costretto a piegarti, a plasmarti secondo certe virtù, altrimenti non la accogli.

Tu dici: «L'accoglienza è il fenomeno etico che più imita...». Potrebbe esserci in me il rischio quasi di una presunzione, di una pretesa nei confronti degli altri, di avere l'atteggiamento di rimproverarli perché non aderiscono a questo fenomeno che «più di tutti» imita Cristo.

Così giudica il fariseo. Comunque dico che l'accoglienza ha tutto il suo valore se i limiti in cui vivrà, in cui sarà costretta a vivere, non sono posti o programmati da noi; ci può essere un'accoglienza di un minuto che è totalizzante, e ci può essere un'accoglienza di cinque anni che non è totalizzante. È totalizzante quando uno accoglie l'altro secondo la totalità del suo essere, del suo esistere, perciò vive la carità che Dio ha con lui, la carità di Dio verso di lui, l'amore di Dio a lui, l'accettarlo e sostenerlo in tutto quello che vive, in tutti i momenti della sua vita. Insomma, quello che caratterizza l'accoglienza come valore è la totalità. Questa totalità non è una materialità og-

[3] *Luca* 19,5.

gettiva, ma è piuttosto un'ampiezza, una larghezza dell'abbraccio del cuore, che non può non toccare la totalità della presenza dell'altro.

Puoi insistere su questo aspetto del limite posto da noi?

L'affido è, poniamo, di un mese. Uno, in quel mese, vive veramente l'accoglienza, perché il suo cuore ha una disponibilità che non è fissata o misurata dal mese. Per questo dico che, se tu tieni un minuto un bambino, puoi tenerlo come accoglienza vera se gli dai la totalità della disponibilità del tuo io, se non blocchi l'abbraccio secondo preoccupazioni tue. Comunque, la risposta alla domanda fatta, formalmente, è che l'accoglienza è l'imitazione più grande che l'uomo possa vivere dell'amore che Dio porta agli uomini, perciò dell'amore stesso che costituisce la vita di Dio: una totalità di disponibilità di fronte a una totalità di presenza.

Il valore dell'accoglienza si appoggia perciò a un atteggiamento semplicissimo. Credo che non ci sia niente di più vicino alla prima beatitudine: «Beati i poveri di spirito perché di essi è il regno dei cieli»[4]. È una povertà l'accoglienza: non ha niente da salvare prima, cioè non fa nessun calcolo.

La seconda domanda è collegata a quanto già detto. Come è possibile per noi essere il più possibile trasparenti, essere come un fermento nel movimento, nella comunità, nella società, di questo valore (che, come tu ci hai detto, è un valore per tutti, non è una vocazione particolare che tocca alcune famiglie e basta)?

Esattamente. Siete fermento per tutti nella misura in cui vivete questa accoglienza con tutta la disponibilità del cuore; siete fermento nella comunità come un esempio che gli altri vedono e che realizzano come possono, secondo la

[4] *Matteo* 5,3.

misura della loro libertà (che giudica Iddio) e secondo la misura della grazia di Dio. Perciò non c'è niente di più opposto ai meriti dell'accoglienza che fare i paragoni di cui parlavamo prima, ossia pretendere che anche gli altri facciano questa esperienza. Non pretenderlo è una maturità grande, esige un sacrificio grande, il sacrificio di un non attaccamento al bene in cui si è impegnati noi, di un non attaccamento alla propria virtù, esige una mancanza di orgoglio, insomma. Anche se tutto il mondo vivesse l'accoglienza, un'accoglienza come quella che Gesù Cristo ci ha insegnato, il mondo sarebbe lo stesso una casa di infelici. Perché la felicità ultima è di là. Come diceva il frate giardiniere nel *Miguel Mañara*: «Tutto è dove deve essere e va dove deve andare: al luogo assegnato da una sapienza che (il Cielo ne sia lodato!) non è la nostra»[5]. È così bello rispondere a Dio di quello che chiede a noi, rispettando, amando e stimando tutto ciò che ci circonda!

Vivere l'accoglienza peraltro può essere anche qualcosa di molto silenzioso e di molto oscuro. Noi ci siamo resi conto, in questi dieci anni di storia, come sia importante dire, testimoniare quello che il Signore ci ha dato da vivere.

È importante testimoniarlo nella misura in cui può diventare parola comprensibile e shoccante per gli altri. Se dici una parola che non richiama l'attenzione di nessuno, è inutile che tu la dica. C'è una eccezionalità di situazione che permette di dare evidenza a una cosa che pure è normale come virtù, e che è pur virtù anche se normale, che è pur merito anche se vissuto quotidianamente per tanto tempo; ci può essere un'occasione in cui il merito viene affermato in modo eccezionale: questa è un'occasione di cui rendere testimonianza. Essere sempre come sulla porta, facendo a gomitate per poter dire quel che si fa, tanto per es-

[5] O.V. Milosz, *Miguel Mañara*, Jaca Book, Milano 2001, p. 68.

sere contenti di averlo detto, questo non è merito, e poi non fa colpo.

Si è un esempio per la comunità, in primo luogo, quando si vive: vivendo siamo esempio, e «chi ha orecchie per intendere intenda, chi ha occhi per vedere veda»[6]; siamo un esempio abbandonato alla buona volontà degli altri. In secondo luogo, si dà esempio nella comunità proclamando, conclamando un avvenimento o un fatto così eccezionale nella sua fattura che non può non destare la sorpresa della gente, non richiamare dalla distrazione la gente, non colpire la sensibilità della gente. È il concetto di miracolo. Gesù ha introdotto la sua presenza fra di noi attraverso i miracoli. Ma il miracolo implica una eccezionalità, e il contraccolpo corrispondente, lo shock corrispondente. Quanto più uno era sensibile e attento, silenzioso e attento, cosciente e attento, tanto più tutto quello che faceva Gesù diventava miracolo. Per la folla occorreva una cosa grossa, sfamarli moltiplicando il pane senza andare a comprarlo. Infatti Gesù lo dice: «Mi avete cercato perché volevate del pane gratis. Ma io sono venuto non per darvi il pane gratis» – il punto non è rammendare l'economia italiana o l'economia europea –: «Sono venuto per darvi un altro pane, cioè me stesso»[7].

Avevamo una terza domanda. Volevamo il tuo giudizio su una proposta, un'ipotesi su cui avevamo discusso insieme l'ultima volta a Firenze. È una proposta per così dire propedeutica all'accoglienza, per allargare l'ambito dell'amore a questa virtù, della fruibilità della ricchezza di questa esperienza. Tante famiglie sono in difficoltà anche logistiche o comunque non hanno per ora la disponibilità a un'accoglienza totale come quella che tu dicevi (non spetta a noi giudicare). Allora pensavamo di offrire dei gesti più limitati, che non possiedono la totalità che ci richiamavi, che però possono essere un

[6] Cfr. *Marco* 4,9ss.
[7] Cfr. *Giovanni* 6,26ss.

modo di condividere l'esperienza vissuta in prima persona da qualcun altro: ad esempio, l'aiutare a stirare piuttosto che portare il bambino a catechismo, o fare le ripetizioni di matematica, fare la baby-sitter, eccetera: offrire questa possibilità a più famiglie che in qualche modo vengano ricondotte a vivere più da vicino l'esperienza dell'accoglienza. Volevamo che tu ci aiutassi a giudicare questa proposta e a capirne bene i limiti, perché esistono anche le caritative[8] *delle varie comunità e non vogliamo sovrapporci a esse.*

C'è anche una situazione di fatto, di tantissima gente che ci incontra e vuole coinvolgersi nei nostri gesti.

Poniamo che nella vostra Associazione ci siano centotré famiglie per l'accoglienza in trentaquattro città. In queste trentaquattro città c'è gente che, vedendo la fatica che fate, dice: «Voglio collaborare anch'io alla vostra fatica, perciò vi stendo i panni io oppure vi faccio la spesa io tutti i giorni». Questa è una partecipazione reale, se è cosciente, alla virtù dell'accoglienza, perché il motivo per cui queste persone si offrono è quello di favorire in voi l'avvenimento in cui vi siete imbarcati, di cui avete accettato di correre il rischio. Il motivo per cui uno si offre è quello di aiutarvi nel compito che vi siete assunti: è eminentemente singolare l'aiuto che vi si offre, è a te e alla tua famiglia in quella determinata condizione. È diversa invece la disponibilità alla carità, ad aiutare gli altri – che nor-

[8] A partire dal 1958 alcune centinaia di ragazzi di Gioventù Studentesca di Milano cominciarono a recarsi ogni settimana nella Bassa milanese. Per alcune ore facevano compagnia ai bambini nelle cascine sparse per la campagna, alternando iniziative di gioco a momenti di alfabetizzazione e catechismo, d'intesa coi parroci della zona. Nacque così la «caritativa», che costituisce tuttora uno dei gesti fondamentali della proposta educativa di Comunione e Liberazione. Da allora migliaia di persone, in Italia e nel mondo, si educano a imparare che la legge dell'esistenza è la gratuità, a imitazione di Gesù di Nazareth. Persone così educate tendono a vivere secondo la stessa legge ogni circostanza della vita, fino a generare opere come condivisione di bisogni e ricercate risposte che rendano migliore la società. Cfr. *Il senso della caritativa*, Coop. Edit. Nuovo Mondo, Milano 1996; L. GIUSSANI, *Il cammino al vero è un'esperienza*, SEI, Torino 1995, pp. 38-39.

malmente si organizza come riferimento a un centro della comunità, al centro della caritativa –, di chi si sente dire: «Guarda, ci sono queste due famiglie per l'accoglienza che hanno bisogno che tu lavi loro i panni», e accetta di rendere questo servizio. L'origine di questa accettazione non è il contraccolpo pieno di stima per la virtù dell'accoglienza, ma è più direttamente una disponibilità per la carità, tanto è vero che se sette giorni dopo il capo della caritativa dice: «Guarda, c'è un caso più serio da aiutare», la persona, disponibile, lascia qui per andare là.

I primi partecipano alla realtà dell'accoglienza come virtù, come atteggiamento scelto e voluto. Per questo ho sottolineato la singolarità dell'aiuto offerto. Vedono che tua moglie è in «panne» e dicono: «Un pezzo della fatica della vostra accoglienza ce la accolliamo noi». Questi partecipano alla totalità della vostra accoglienza per un pezzo, fanno parte anche loro delle Famiglie per l'Accoglienza. Ma gli altri no, gli altri fanno parte del movimento, di una cooperativa di carità.

L'Associazione come tale ha come ultimo scopo di promuovere un ideale. Chi vi dice: «Un pezzo del vostro peso lo portiamo noi» partecipa dell'ideale. Non è necessario per fare carità essere iscritti alle Famiglie per l'Accoglienza, anzi uno può essere dentro alle Famiglie per l'Accoglienza, accogliere più gente che può, più figli che può, ed essere pieno di recriminazione verso gli altri, come ha detto acutamente la presidentessa: si può restare pieni di pretesa verso gli altri perché loro non fanno.

Ci sono molte famiglie che attraverso le testimonianze fatte sono state affascinate dalla posizione che vi sta dietro e manifestano una stima e un interesse alla nostra esperienza. Spesso, dopo mesi che partecipano, o dopo anni, si rendono disponibili per qualche gesto...

Anche questi fanno parte delle Famiglie per l'Accoglienza, perché non c'è in loro un orizzonte chiuso, in fondo c'è una disponibilità, ancora incerta e bambina, ma è disponibilità. Quando matura, fa.

Comunque la cosa principale da sottolineare è che il valore dell'accoglienza, la ragione adeguata dell'accoglienza di una persona è che quella persona è creata e amata da Dio, è salvata e redenta da Cristo, è parte del mistero di Cristo, è parte del corpo di Cristo. È solo questa la ragione che esclude qualsiasi pretesa verso la persona stessa che si accoglie (anche se le pretese ci saranno lo stesso; ci sono anche tra marito e moglie!).

Come dice *Il senso religioso*, l'uomo è rapporto con l'infinito, il cuore dell'uomo è rapporto con l'infinito: non c'è nessun altro valore che il rapporto con l'infinito vissuto[9]. Perciò non sarebbe valore dare il proprio corpo alle fiamme, dare tutto quello che si è ai poveri, non varrebbe niente sacrificare tutto, dice san Paolo al capitolo tredicesimo della Prima Lettera ai Corinzi, se non fosse carità[10]. Cos'è questa «carità», che è più grande di tutti i sacrifici possibili e immaginabili (come quello di Jan Palach di Praga, per esempio, che ha bruciato se stesso per un ideale)? Questa carità è l'amore all'Essere, l'amore a Dio. Perché è amore a Dio? Perché è Dio la ragione totalizzante, o la gratuità totale: la carità è la risposta a quella gratuità che ci ha creati. Come sempre, vivere un atto di virtù come accogliere un estraneo ti costringe a ripensare anche al modo con cui vivi con tua moglie, purifica la ragione con cui tu vivi con tuo marito; ma purifica anche la ragione con cui tu vivi nella comunità, e corregge – leggendoli – l'impertinenza dei giornali.

Perciò non abbiate mai a passare la giornata senza chiedere alla Madonna la grazia di saper accogliere ciò che ci è stato dato, perché da soli non ne siamo capaci (basta guardare chi si sposa: dopo un po' si sopportano, che è la cosa più brutta che ci sia)!

[9] Cfr. L. Giussani, *Il senso religioso*, cit., pp. 124ss.
[10] Cfr. *1 Corinzi* 13,1ss.

Noi abbiamo anche tanti amici che sono in difficoltà, vogliono stare con noi, perché si sentono aiutati a portare il quotidiano...

Questo non è partecipare all'Associazione. Possono benissimo partecipare a tutte le riunioni possibili e immaginabili. Che partecipino! Basta che non siano cinquecento che partecipano in questo modo e solo due che fanno accoglienza.

Se l'accoglienza è l'avvenimento etico, morale, che più ci fa imitare il Signore, probabilmente sarà una scaturigine di aiuti morali più facili. Perciò non dobbiamo soffocare lo Spirito. Ma la partecipazione all'Associazione come tale non è questo. Pregate la Madonna che vi partecipi anch'io, senza essere parte dell'Associazione.

Nella compagnia che ci facciamo – che è per tutti noi molto importante, per portare i pesi, ma più ancora per richiamarci a quello che tu oggi hai così chiaramente indicato come il «perché» e quindi il «come»; dal perché viene fuori il come –, tutti noi potremmo testimoniare personalmente come proprio la nostra concretezza è cambiata. Quando però vengono persone nuove, che magari sono lontane dal movimento, che non necessariamente partono da uno sguardo di fede, ma soltanto da un bisogno (per esempio il fatto che si stanno orientando all'adozione o hanno in casa un ragazzino da accudire), bisognerebbe che la nostra compagnia fosse capace di assumersi l'altro nei termini di una prossimità che diventi anche paternità: un farsi carico dell'altro «famiglia accogliente», con tutto quello che questo significa, portandosi come a fianco della sua libertà, che è intoglibile, per aiutarlo a capire cosa può significare un dire di sì o un dire di no alla proposta che gli viene fatta dal servizio sociale o dal bisogno che incontra. Ecco, su questa assunzione di responsabilità io volevo sentirti.

Se c'è un'associazione e se ha un senso, è perché i suoi membri si aiutino a vivere lo scopo dell'associazione stessa: aiutare la libertà dell'altro a compiere quello per cui si è reso disponibile. Aiutare la disponibilità dell'altro significa anche dirgli perché noi facciamo questo. L'altro può adottare un figlio per impeto naturale, per bisogno naturale. E poi sente te dire che il motivo per cui accetti la figlia adottiva come fosse tua, con tutta la devozione possibile, esattamente come se fosse nata da te, l'unico motivo che spiega questo è l'amore di Dio, l'obbedienza a Dio! Questo è da dire. Aiutare vuol dire anche esplicitare il perché tu fai le cose. Ed è un aiutare a far diventar grandi i bambini anche il dire loro il perché di tutto ciò in cui li avete messi. Questo è un particolare, ma non indifferente. Aiutare chiunque stia nella vostra Associazione è giusto per lo scopo stesso dell'Associazione. In secondo luogo, in particolare, mi permetto di osservare che l'aiuto più grande è illuminare l'altro sul «perché» vero, per cui la sua generosità si è mossa. Così, infatti, il Signore si fa conoscere: prima ci dà la vita; noi vivendo incontriamo delle domande, viviamo l'impatto con la realtà che ci suscita delle domande, la cui risposta è l'esistenza del Signore.

Oggi è stata usata la parola paternità. Mi fa un po' effetto, visto che sono una donna...

Tutto ciò che è destinato a trasformare spingendo verso la sua completezza una presenza è paternità e maternità, che è lo stesso: è il generare. Provocare a un essere sempre più completo è generare. Il paragone ultimo del rapporto amichevole fra uomo e uomo è la paternità o la maternità, ed è questo il paragone che tutta la cultura contemporanea blocca e soffoca. Così non c'è più amicizia fra gli uomini. L'ideale dell'amicizia si chiama paternità e maternità. Il padre è colui che mette in vita per la felicità, la madre è colei che mette in vita per la felicità: la fecondità è mettere sulla strada per quella completezza che è la felicità, e l'amicizia è la compagnia guidata alla felicità, come sempre noi diciamo.

È una paternità che vive di riflesso della paternità più ampia del movimento e della Chiesa...

Che applica all'interno della vocazione, che è eminentemente personale, quello che il mistero della Chiesa di Dio è per tutto il mondo e quello che un pezzo di Chiesa come la nostra compagnia del movimento vive.

Se non giungono alla paternità e alla maternità, il sentimento della compagnia e l'affezione di un rapporto non sono ancora veri. Così i *Memores Domini*[11], che si consacrano a Dio, nella misura in cui non vivono paternità e maternità, non sono veri neanche nella loro vocazione. Convogliare una presenza sempre più verso il suo destino è paternità e maternità. Una madre e un padre che generano fisicamente un figlio e poi lo abbandonano dopo tre giorni, evidentemente non sono né padre né madre. È per questo che un uomo e una donna che non hanno figli e che adottano un figlio sono veramente padre e madre nella misura in cui educano il figlio. Molto più della grande maggioranza che gettano fuori dal ventre il figlio e non lo educano, non si curano del suo destino.

[11] Vedi qui nota 6, p. 41.

LA FAMILIARITÀ COME METODO DEL MISTERO[1]

Ti ripeto il nostro grazie per averci permesso di incontrarci con te. Sono qui riuniti i responsabili nazionali di Famiglie per l'Accoglienza: sono il punto di paternità, di responsabilità, di giudizio e di compagnia più puntuale sulla vita della nostra Associazione. Ciascuno ha delle domande da porti; te le sintetizzo, perché sono tante.

Per ricomporre il filo di un discorso che tu hai fatto con noi più di tre anni fa, nel novembre del 1992 [cfr. capitolo precedente, L'imitazione di Cristo, ndr*], vorrei richiamare le cose che in quell'occasione ci hai detto.*

Avevi detto che l'accoglienza familiare, che è quello che caratterizza l'esperienza delle famiglie della nostra Associazione, implica mettere in preventivo una totalità di abbraccio. Su questa totalità avevi insistito, perché essa rappresenta il fenomeno etico che più imita l'iniziativa di Cristo nei confronti dell'uomo. Allora, questa esperienza di accoglienza familiare richiede in noi la disponibilità del cuore a imitare l'amore di Dio e, in questo senso, è una virtù (una virtù non solo per noi, anche per gli altri; ma noi siamo chiamati a viverla in maniera più precisa). Avevi aggiunto che nella misu-

[1] Incontro con Luigi Giussani al Direttivo Nazionale delle Famiglie per l'Accoglienza, 28 Gennaio 1996. Già pubblicato in *Guardare all'origine*, pro manuscripto a cura delle Famiglie per l'Accoglienza, Milano 1996, pp. 7-14.

ra in cui viviamo questa accoglienza con tutta la disponibilità del cuore, siamo fermento nella comunità, nel mondo, senza nessuna pretesa nei confronti degli altri: possiamo essere fermento vivendo e testimoniando, là dove la testimonianza significa dire una esperienza così particolare che non può non commuovere. In questo senso, forse, si potrebbe usare il termine «miracolo» come lo hai richiamato ultimamente.

Ci avevi poi detto che l'Associazione serve ad aiutarci reciprocamente a esplicitare il perché ultimo – cioè l'obbedienza a Dio – di queste nostre esperienze e che nell'aiutare in questa consapevolezza noi viviamo reciprocamente un rapporto di responsabilità (tra di noi e con gli altri nostri soci) che deve divenire una paternità.

In questi due anni abbiamo molto lavorato – anche come Direttivo – su ciò che man mano tu richiamavi alle Assemblee Responsabili[2]*. In particolare, sono stati importanti per tutti noi i richiami che facevi all'unità nella conduzione e alla comunionalità, non come democrazia, ma come un concepirsi in modo diverso. E mi sembra che per la maggior parte di noi si sia riscoperta, qui, una dimensione di fraternità più che una preoccupazione gestionale, cioè di organizzazione dell'Associazione come opera. Anche se, in questa dimensione di fraternità tra di noi, è sicuramente anche aumentata una cura al particolare specifico che ci è dato di vivere, una capacità di creatività e di operatività.*

Ti chiedo: come può l'Associazione, nel suo specifico, essere più dentro la consapevolezza particolare che il movimento sta vivendo in questo momento?

Mi pare che questa domanda sia così fondamentale che è meglio che ci soffermiamo su di essa. Poi possono seguire tutti i particolari che volete.

Innanzitutto sono io che ringrazio voi, anche per quel-

[2] Le Assemblee Responsabili sono raduni periodici tenuti da don Giussani per i responsabili delle comunità italiane ed estere di Comunione e Liberazione.

lo che diremo. In questi tempi mi ha sorpreso il fatto che capisco, a settantatré anni, cose che ho sempre dette: a settantatré anni capisco che le capisco ora. C'è un incremento di comprensione che è segno della vita. In questo senso è vera la frase – quando mi è ritornata in mente, ieri, mi ha rianimato – che parla della morte giovane: «La morte è giovane». Non è per ridire una bella frase: perché è una frase bella se è sentita vera, altrimenti è una frase brutta.

Vorrei comunicarvi qualcuna fra le cose che ho scoperto in questi mesi e che non avevo capite prima come le ho capite adesso. Mi dicevo l'altro ieri: ma come hanno fatto Giovanni e Andrea, in quel tardo pomeriggio, guardando Gesù, a iniziare qualcosa che doveva riempire il mondo e riempire il tempo, tanto che sono arrivati fino a questo punto? – ne sto, infatti, ancora parlando io, ci stiamo pensando tutti; anzi, leggendo quella pagina del Vangelo di Giovanni, leggiamo qualcosa di molto più pertinente, presente, confortante, coinvolgente e sorgente di speranza di qualsiasi altra pagina al mondo –. Come hanno fatto quei due pescatori, quei due contadinotti (che sono diventati cinque o sei in pochi giorni) ad arrivare dove sono arrivati? San Giacomo arrivò fino a quel posto che fu chiamato «San Giacomo di Compostela», che era l'estremo limite del mondo conosciuto a Ovest. E san Tommaso è arrivato – probabilmente lui in persona – quasi a metà India, che era l'estremo lembo di terra conosciuta a Est. Ma come hanno fatto? Che cosa hanno imbastito? Che cosa hanno costruito?

La gente, guardando a loro, diceva: «Che tipi che sono! Ma guarda cosa fanno! Come fanno a essere così?». Il *metodo* che hanno usato per arrivare fino ai confini della terra – come aveva detto loro Gesù – è stato la *testimonianza.* Cosa vuol dire testimonianza? La testimonianza è una realtà umana nel senso totale e banale del termine – qualcosa che si vede, si ode, si tocca –, contenuto di un'esperienza normale, ma che veicola, porta dentro di sé, qualcosa che non è più «normale», perché fa restar lì la gente e fa domandare: «Ma che cos'hanno questi qui?». Che è analogo alla domanda suprema che fecero a Gesù – amici e nemici – in due tempi diversi: «Ma da che parte vieni? Chi sei?», ed erano amici, quegli amici che gli andavano «tra i piedi» tutti i giorni in casa sua, conoscevano sua madre, suo padre, i parenti più stretti, conoscevano tutto di Lui (immaginiamoci come Giovanni e Andrea si siano affiatati con Lui). La testimonianza è un comportamento umano constatabile, oggetto di esperienza da parte di chiunque ci passi accanto, ma che desta uno *stupore* secondo la formula di cui siamo capaci, la formula che siamo capaci di usare per indicare l'*eccezionale* che accade. Destavano stupore, erano diversi dagli altri: c'era un fattore che rendeva la loro normalità anormale, vi era nella loro normalità di vita, nella loro compostezza oggettiva – contenuto d'esperienza per chiunque – un fattore che non si capiva come fosse accaduto o in che cosa consistesse.

Questa eccezionalità in un comportamento normale è paradossale, non contraddittoria – perciò non è una fantasia o un'illusione commossa –: coincide esattamente con quello che cristianamente si chiama *miracolo*. Il miracolo è una cosa che nei suoi aspetti immediati può essere normalissima, eppure ha dentro qualche cosa che mi richiama per forza a Dio. È spiegato nella Scuola di Comunità, nel volume sulla Chiesa[3], quando si parla dei frutti che la Chiesa porta, cioè del cambiamento che la Chiesa porta alla vita umana.

È questa la parola che mi ha colpito, per la scoperta che mi indicava in questi tempi: il *miracolo* è un incedere pro-

[3] L. GIUSSANI, *Perché la Chiesa*, terzo volume del PerCorso, nuova edizione in corso di pubblicazione presso Rizzoli.

prio del divino. Tutti camminano in un certo modo e, per quanto diverso, è un certo modo, con certi limiti. Ma c'è un passo, un modo di camminare, che fa stupore e indica, rivela, una dignità o una eccezionalità di autocoscienza, di coscienza di sé. Il miracolo è l'incedere del passo divino tra i passi della compagnia umana, perché – ed è questa, ancora più acutamente, la grande bellezza della rivelazione del Mistero che ci si è manifestato, del Padre che ci ha parlato attraverso il mistero di Cristo – Dio ha scelto come suo comportamento normale, metodico, metodologico (se si tiene presente l'aspetto educativo che eminentemente sta nell'operato di Dio di fronte alle sue creature), ha scelto come metodo per educare l'uomo a quello che Lui vuole, in modo tale da farlo diventare degno di Lui, la *familiarità totale* con l'uomo: Dio ha scelto la familiarità totale!

Pensate, Dio che nasce dalle viscere di una ragazza! Se non sobbalziamo, è perché si afferma una cosa cui poi non si pensa, ma in questa frase, in questo messaggio, vibra tutta una diversità che diventa d'una imponenza innegabile. Nella vita uno può continuare a fare quel che vuole, ma non potrà mai sottrarsi completamente al giudizio di questa verità: Dio ha scelto di essere familiare. Se è familiare, vuol dire che i suoi passi sono insieme ai miei. Come diceva Mosè sul monte Oreb: «Signore, se tu non cammini con noi, noi non ci muoveremo di qui»[4]. Potrebbe essere l'orazione del mattino più bella per un cristiano.

L'incedere dei passi di Gesù in mezzo a tutti i passi che le nostre gambe fanno durante la giornata, questo è il miracolo: in ogni giornata è più il miracolo che il non-miracolo! Gli avvenimenti di san Pampuri sono, per esempio, una grazia eccezionale. Ma di che grazia si tratta? Della grazia di Dio che ci costringe a capire che Lui è familiare! Perciò il miracolo non è una cosa strana: è una cosa nor-

[4] Cfr. *Esodo* 33,15: «Se tu non camminerai con noi, non farci salire di qui».

male! E non c'è niente che possa farci sentire investiti da un sentimento originalmente e tendenzialmente unitario, niente che possa farci sentire fratelli, fraternamente, come il fatto di questo Mistero che è tra noi, che, come tale, porta tra noi ogni giorno una sovrabbondante testimonianza di Sé, un sovrabbondante conforto di miracolo. Come ho sorpreso in mia mamma quando ero ancora ragazzo. Allora non capivo, ma mi ricordo benissimo mia mamma che, a un certo punto, mentre stava lavando i piatti, si fermava; c'erano ancora tutti i piatti da lavare, e si fermava: ho capito da grande che, per un istante, pregava. Neanche i più grandi filosofi, Socrate o Platone (i nostri contemporanei sono più piccoli!), potevano immaginare una cosa del genere: che un gesto così immanente al livello delle cose naturali potesse fiorire nella sua dimensione di rapporto con l'infinito, com'è l'offerta a Dio di un atto che si fa. Il miracolo coincide con la bontà e la giustizia stessa della nostra vita, talmente Dio, rendendosi familiare a noi, come metodo, riempie la nostra vita di miracolo, innanzitutto facendo diventare miracolo tutto quello che facciamo. Questa confidenza senza fondo con la presenza del Signore rende capaci di qualsiasi cosa.

Mai, almeno io, in tutti gli anni della storia del nostro movimento, ho aspettato che uscisse la nostra rivista mensile, mai ho aspettato di leggere «Tracce» come adesso, perché finalmente «Tracce» sta avvicinandosi a quello che abbiamo sempre desiderato che fosse: la testimonianza dal basso della gente che vive. Uno legge le lettere di «Tracce» e legge il racconto di miracoli. Chissà che non sia un premio che Dio ci fa, quello di farci, come dire, i banditori, i riecheggiatori nel mondo della figura di un santo come san Pampuri, che è simile a pochi nella sua umiltà! Sì, perché, cosa faceva? Con grande meraviglia degli ammalati della clinica «San Giuseppe», dava, lui medico, il «pappagallo» all'ammalato, al quale non si ricordava di darlo neanche l'infermiere. Tutti erano colpiti da un medico che era più bravo, più buono, più umile, più servizievole di un infermiere.

Non è che per fare tutto quel che fate dovete pensare queste cose sempre, necessariamente. Se è stata una scoperta per me, un certo sussulto di fronte a queste cose, dopo i settant'anni, può essere che fino ai sessanta anche voi non comprendiate niente. Per quanto non può essere vero: se si è in compagnia e certe cose avvengono per taluni, da quel momento avvengono per tutti, in tutti. Però, veniamo alla domanda capitale, che era...

Come aiutarci a inserire l'Associazione in questo momento storico che sta vivendo il movimento?

Come essere più dentro il momento del movimento? Come essere più dentro? Chiedete a san Pampuri, ma soprattutto chiedete alla Madonna. La Madonna è proprio una figura grande. Pensate (stamattina mi sono accorto di questo!) che la prima parola che il Mistero dice all'uomo è: «Non temere!»[5]. *Ne timeas!* Non temere! Per fare quello che fate voi bisogna «non temere»: se uno teme, è impossibile che resista, ma è anche impossibile che gli venga in mente di farlo! Se vi viene in mente, questo significa che già non temete più, non prevale il timore.

Chiedete ai santi, all'umilissimo e sconosciuto Pampuri (se non ci fosse stato Adriano, nessuno al mondo, nel senso letterale del termine, conoscerebbe san Pampuri), chiedete ai santi di essere il più consapevoli possibile del valore di quel che siete e di quel che fate, perché non c'è nessun valore più grande, non c'è nessun miracolo più grande di una donna e di un uomo che, non avendo figli, raccolgono uno, magari segnato dal mistero della croce del Signore, lo raccolgono come se fosse loro figlio. È una co-

[5] Cfr. *Genesi* 15,1; 26,24.

sa da pazzi! E, infatti, non c'è paragone: è un miracolo! Che la Madonna e i santi vi rendano sempre più consapevoli del valore che Dio vi dà da vivere.

Provate ad andare a leggere la Lettera agli Ebrei, al capitolo 12. «Siate aperti all'ospitalità», dice san Paolo. Vi ricorderete questo brano, spero: è una frase che dovrebbe essere il vostro motto. «Non dimenticate l'ospitalità; alcuni, praticandola, hanno accolto degli angeli senza saperlo»[6]. Ma non è che siano angeli: sono più che angeli! Sono figli di Dio, parte del mistero della persona di Cristo. Così, quello che per natura avverrebbe come primo istinto, si avvera (credo, infatti, che la natura favorisca l'istintivo slancio di protezione verso un bambino *down* in una donna che ha il cuore materno; anche statisticamente parlando, viene confermato che l'impeto affettivo coi bambini bruciati dal mistero del peccato originale per tutto il mondo, l'istintivo sentimento che una donna prova è più copioso per un bambino in queste condizioni che neanche di fronte a un bambino suo normale).

Volevo dirvi di essere consapevoli che siete il punto pulsante della vita del movimento. Non riconosceremmo più il nostro movimento, se non ci foste voi. Non voi nel senso di a, b, c, ma se non ci fosse quello che voi, a, b, c, fate, qualunque coscienza ne abbiate. Che ne abbiate più coscienza è un augurio che vi facciamo, perché se ne avete più coscienza splende di più! È come vedere uno che va in giro di notte più fluorescente. E la gente si rincuora. La gente si rincuora vedendo o leggendo quel che vivete. Pensiamo se le fraternità – scusate se cito un aspetto del nostro metodo particolare – aiutassero a questo; le fraternità che favoriamo e che non sanno cosa fare quando si radunano, non sanno cosa dire, cercano quel che è da dire, cercano quel che è da fare, quando dovrebbero cercare di

[6] *Ebrei* 13,2.

aiutarsi a «essere» in quello che già devono fare, a essere coscienti di quello che fanno – Dio mio! –. Perché quel che fanno è quello che ha fatto Cristo, è quello che fa Cristo: salvano il mondo, dando al mondo la certezza che c'è un Padre, dando al mondo l'evidenza, o la speranza, che c'è un amore che è fine di tutto quel che si fa, che sono amati, che ogni persona è amata, dando al mondo lo spettacolo di un sacrificio reale, piccolo o grande che sia.

Per questo non dovete cercare innanzitutto che gli altri vedano: se vedono perché cercate di esser visti, vedono di meno. Invece se non vi importa di esser visti o di non esser visti, ma offrite al Padre, tutto il mondo vede, anche senza vedere, secondo la bella frase di un famoso filosofo greco: «L'armonia nascosta [cioè la verità nascosta] è più potente di quella manifesta»[7].

Il Mistero che fa il mondo è Padre: il suo metodo di rapporto con la creatura è la familiarità; la familiarità nel senso più potente del termine, materno e paterno. Egli diventa presenza nella nostra compagnia. Ma questa presenza ha un accento, ha un incedere che stupisce: è il miracolo il Suo modo proprio di essere con noi. Ne capitano mille al giorno. Se solo ci pensassimo! Comunque è attraverso questo che la compagnia diventa testimonianza a Lui. Perché la compagnia non potrebbe essere com'è, senza che qualcosa di eccezionale fosse in essa. Siate coscienti: chiedete alla Madonna e ai santi – a san Pampuri bisogna chiedere questo, prima ancora che ci guarisca figli, madri, nipoti o la propria spina dorsale – che abbiamo coscienza del valore infinito di ogni nostro gesto[8]. Perché quando sorprendevo mia madre ferma, che sembrava non far niente per mezzo minuto – ed ero piccolo –, si avverava quello

[7] ERACLITO, *Frammenti*, D22 B54.

[8] Raccogliendo questo invito, a partire dall'ottobre successivo (1997), l'Associazione, nelle sue varie sedi locali, ha sempre iniziato l'anno sociale con un pellegrinaggio a un santuario mariano o alla tomba di san Riccardo Pampuri.

che dice il nostro amico di adesso, Maspes, in quella frase che abbiamo citato mille volte: «La densità dell'istante». Scoprire la letizia di questa modalità del proprio rapporto col mondo e della propria umanità è solo di chi è stato chiamato a conoscere il Signore. Ma siamo stati chiamati noi perché attraverso di noi Egli raggiunga tutti. Per fortuna raggiungerà tutti prima della fine di tutto!

Abbiamo cercato di aiutarci a vivere e a essere sempre più consapevoli di una posizione di unità dell'io, che è diventata anche una dimensione di cattolicità e di missionarietà (gli esempi delle nostre famiglie che hanno ospitato i ragazzini rumeni con tutto quel che è arrivato, oppure dell'affido per interposta persona con cui stiamo aiutando delle situazioni della ex-Jugoslavia, ne sono testimonianza). Noi non riusciamo però a raggiungere le famiglie più giovani, i giovani.

Se non raggiungete le famiglie giovani, c'è qualcosa che non va.

Dobbiamo cambiare qualcosa?

Basta che non vi poniate un problema di quantità o il problema se è più colpa di qui o più colpa di là. Bisogna dirglielo: dirglielo, coinvolgerli, esprimere loro la contentezza che certa esperienza può dare. Scrivere una lettera a «Tracce» vuol dire farlo sapere a sessantamila persone. Uno dice: «Devo scrivere questa cosa qui, ma è una cosa normale!». No! Che uno dica la sua «cosa normale» in un certo modo non è normale! Tutti siamo cristiani, ma solo molto vicino a noi si sente parlare più spesso del fatto che il metodo con cui Dio ci tratta è quello del miracolo! Il miracolo è una cosa ovvia, come mangiare e bere. Perciò occorre una iniziativa maggiore nel far conoscere, non come preoccupazione gestionale, o come preoccupazione pubblicitaria. Se volete bene alla gente più giovane, che deve percorrere ancora tutta la strada che voi avete già percorso, se volete bene a loro, la prima cosa da dire è: «Come sono contento di questo!», e non: «Fai così, fai cosà, nella politica o nella tecnica o nel lavoro».

Conosco delle persone che non si sarebbero mai interessate di Dio e della Chiesa. Mentre se ne interessano con serietà, con serietà maggiore della gente che tiriamo su con decine d'anni di fatiche educative, perché hanno visto uno di voi fare una certa cosa: hanno visto uno di voi tornare con un bambino che viene dalla Romania, per esempio. Perché il metodo con cui Gesù, dal rapporto con Giovanni e Andrea, è passato al rapporto con milioni e milioni di persone in tutto il mondo e ha creato una storia che sfida tempo e spazio, è la testimonianza di certa gente: chi la vedeva, chi l'ha vista, ha capito che c'era qualche cosa d'altro, gli è venuta voglia di fare qualcosa d'altro.

Comunque, il momento del movimento è prezioso perché, in quarant'anni, il Signore non ci è mai stato così benevolo. Per esempio, un aspetto fondamentale della nostra difficoltà è la «divisione» tra noi e il mondo: noi siamo del mondo (perché siamo come tutti gli altri), ma quello che diciamo e tante cose che facciamo non sono del mondo: il mondo non ripete il *Credo*. C'è un modo di dire il *Credo* che commuove un estraneo che non l'ha mai detto. Comunque, questo muro che c'è – analogamente al discorso che fa san Paolo per i giudei e i gentili (i pagani) –, questo muro che ha sempre diviso quello che noi abbiamo detto, quello che noi ci siamo detti, quel che noi abbiamo fatto o facevamo, dal mondo, proprio in questi anni ha incominciato ad abbattersi. Per esempio in America è una cosa stupefacente: se c'è una mentalità assolutamente impermeabile alla nostra è quella americana, dove chi dice «è» è ritenuto fondamentalista; non si può dire «è», bisogna dire «può darsi», e allora, dentro il «può darsi», uno può fare tutto quel che vuole. E invece no! I nostri testi più duri e difficili, cioè più alternativi, adesso saranno pubblicati da una delle più grosse case editrici americane. Sono cose che noi abbiamo cercato per vent'anni! E ciò non è nato dall'esito buono di un nostro tentativo. È nato gratuitamente: mentre noi facevamo il tentativo da una parte, questo nasceva di nascosto dall'altra, per così dire. Mi è giunta l'altro ieri una lettera autografa del Papa come ringraziamento per gli auguri di Natale, in cui ci raccomandava di proseguire in questa nostra passione perché gli uomini conoscano Cristo. È un riconoscimento tanto eccezionale quanto familiare.

Noi avevamo anche delle altre domande.

Comunque, ve lo ripeto, questa è l'unica cosa che mi importa: che chiediate alla Madonna e ai santi di essere sempre più consapevoli di quel che fate, lavando i piatti o i vestiti del bambino (che, magari, essendo in certe condizioni, li sporca più spesso), senza arrabbiarvi, cercando di non arrabbiarvi, perché questo è un dominio di sé che esige il recupero di una certa memoria.

E poi costruite e vivete bene le fraternità, secondo il nostro concetto di fraternità: un gruppo di gente vicina, o che si mette insieme, per la santità. La santità vuol dire l'amore all'essere, cioè l'amore all'uomo proprio di Dio, come diceva Dionigi l'Areopagita. Mi ricordo questa frase, che all'inizio vi facevo leggere e ripetere il più spesso possibile: «Chi potrà mai parlare dell'amore all'uomo proprio di Cristo, traboccante di pace?»[9].

E uno può essere pieno di sbagli. Questo è il valore del nostro concetto di morale, che nasce dal «sì» di Pietro: non nasce come osservazione di leggi, ma come affezione a una grande Presenza scoperta. «Mi ami tu?»[10]. San Pietro poteva essere lordo di sbagli fin sopra la testa: gli avrebbe detto sì lo stesso, perché era sì. Questo è l'attacco che identifica la

[9] Dionigi l'Areopagita, *De Divinis Nominibus* 953 A 10.
[10] *Giovanni* 21,15ss.

morale. In questo senso Gesù disse. «Vedrete pubblicani e prostitute precedervi nel regno dei cieli»[11] Non è un paradosso, l'ha detto Lui! La vera morale è il riconoscimento di un'appartenenza: «Io appartengo a Te, o Signore, qualunque cosa io sia. Fammi diventare diverso!». «Chiunque ha questa speranza in lui, si purifica come egli è puro»[12] Non è una indifferenza, dunque, ma una libertà di partenza. Questa è la cosa più difficile da capire.

Anche questo è un altro miracolo: che ci sia della gente che concepisce la morale in modo totalmente diverso dagli altri, non come leggi da osservare per un certo equilibrio dello Stato, oppure come delle regole da usare, una tecnica da far valere, ma come la sorpresa e il riconoscimento stupito di una Presenza che è pertinente al mio cuore, a quello che il mio cuore desidera.

Nella nostra esperienza di accoglienza incontriamo sempre il dolore dei nostri figli, che nascono, che vivono, che portano i segni di una storia pesante, e il dolore delle nostre stesse famiglie, quando devono affrontare e accogliere il fatto che questi figli non li hanno generati, che ci sono sempre degli altri genitori che li hanno messi al mondo, e prima ancora il dolore delle famiglie stesse quando non riescono ad avere figli. Tanti di noi hanno chiesto di essere aiutati a stare al livello di quella dipendenza originale di cui parlavi.

L'aiuto avviene se vivete una fraternità. La fraternità è un gruppo di gente che si unisce per capire, sentire e vivere queste cose. La santità è questo, perché poi tutto si pacifica, tutto tende a un equilibrio. Ve lo dicevo anche nel 1992 (non posso fare che questo paragone): essere padre e madre è buttare fuori un feto dal ventre materno? No! E se un feto fatto da un'altra donna tu lo raccogli a due me-

[11] *Matteo* 21,31.
[12] *1 Giovanni* 3,3.

si, quattro mesi, cinque mesi e lo educhi, la madre sei tu, nel senso fisiologico e ontologico del termine! E se tu fai questo anche senza averlo lì presente – perché tuo marito non vuole, oppure perché hai paura e non ti senti, anche se lo chiedi a Dio –, in quanto conosci un povero bambino che vive male, maltrattato da una famiglia non sua, e offri tutta la tua giornata alla mattina dicendo: «Signore, ti offro la mia giornata perché tu aiuti quel bambino», questa è una maternità più fine ancora, più «genetica» di qualsiasi altra maternità. Infatti le nostre madri, che sono state madri cristiane, guardavano a noi figli così! Mia madre aveva la specialità di essere una delle famose (al mio paese) discepole di un certo coadiutore, che si chiamava don Amedeo. Era il coadiutore dell'oratorio femminile, osteggiato dal prevosto, il quale aveva deciso di sottrargli l'oratorio femminile e di confinarlo nel confessionale. Solo che lui, dopo un po' di smarrimento, si era ripreso e dal confessionale aveva creato nel paese tutto uno *stream*, un movimento di giovani donne che tutti segnavano a dito: erano un centinaio di donne, e qualsiasi bisogno ci fosse si ricorreva a loro (anche il prevosto ricorreva a loro). Comunque, mia madre – che diceva sempre: «Il *por* don Amedeo»; «Il *por* don Amedeo ti ha dato la benedizione», «Il *por* don Amedeo *de chì*, il *por* don Amedeo *de là*» –, formata dal «*por* don Amedeo», aveva un distacco dal possesso del figlio. Perché neanche il figlio down è tuo; è più tuo di un altro tuo figlio, in un certo senso; ma niente è nostro, tutto è di Cristo, come Cristo è di Dio.

Tu hai detto: «Vivete la fraternità». Io l'ho capito come: «Vivete tra di voi in una fraternità», cioè con quella pregnanza di rapporto reciproco...

Sì, tra di voi se è possibile, ma si può vivere anche con altri. È il modo di comunicare agli altri la vostra generosità – macché generosità! –, il vostro esempio, la vostra consolazione. Camminando con loro dite: «Io ho fatto così, ho fatto cosà. Fallo anche tu! Facciamolo insieme. Aiutiamoci». Invece avviene che tutti, in tutta Italia, fanno le fraternità, ma non danno questi contenuti alla Fraternità. Ripeto: cercano quel che è da dire, cercano quel che è da ripetere, cercano quel che è da organizzare. No! Bisogna cercare insieme quel che è da amare.

Io credo che la grazia che il Signore ci ha data, la grazia suprema, sia quella di averci persuasi senza che ce ne accorgessimo – e non ce ne accorgiamo – di un metodo ascetico, cioè di un metodo per camminare nel tempo e nello spazio, per camminare verso il nostro destino, di un metodo che è assolutamente semplice come era semplice seguire Lui. «Cosa devo fare, Maestro, per essere in gamba?». «Seguimi». *Lü el gh'è minga andà a dré.* Una cosa così semplice! Pensate alla vostra permanenza in Romania, in Transilvania. Guardate il nostro Giorgio: se c'è uno che ha un bisogno, lo aiuta in quel bisogno, e se c'è la possibilità su un certo bisogno di costruire qualche cosa, costruisce, tenta di costruire un organismo. Creare una società è costruire un organismo sui bisogni dell'uomo. Basta non essere pretenziosi.

C'è un pericolo che tutti corriamo: dopo un po', invece di rimanere semplici davanti al miracolo, diciamo: «Ho capito, adesso vado avanti io».

Invece, quanto più si diventa grandi, quanto più il tempo passa, tanto più uno si ritrova la faccia del ragazzo meravigliato: per questo «la morte è giovane». Io facevo cantare, in montagna con GS (quando non era ancora GS), «la gioventù non passa più», e non «non torna più», come diceva l'antica canzone. Se uno mi chiedesse: «Chi devi ringraziare di più, di tutto il movimento, in quanto tenta di realizzare il messaggio che hai incominciato a portare senza capire quello che dicevi?», direi: quelli delle Famiglie dell'Ospitalità. Più di questi, cioè più di voi, non ho nessuno da ringraziare. Ma il problema è che Dio vi renda contagiosi. Occorre, per così dire, che tutti quelli che vivono questa accoglienza, siano loro ospitati dal gruppo che creano; occorre che ognuno, creando, partecipi a un gruppo e si senta veramente ospitato da questo gruppo (perché si può essere in un gruppo senza essere ospitati come si ospitano i bambini non nostri). Così che l'ilarità del cuore, che Dio ci dà in gratitudine, faccia gola anche ad altri!

La frase più bella in questo senso (è della Liturgia ambrosiana, in quella romana non c'è; sant'Ambrogio è il genio della misericordia: per questo si è convertito sant'Agostino) è nell'*Esamerone*. Sant'Ambrogio vi commenta tutti i giorni della Creazione. L'ultima riga dell'ultimo giorno dice: «E finalmente Dio si riposò, perché aveva uno cui perdonare»[13]. Il cristianesimo è evidentemente divino già solo per una frase come questa! Nessuno al mondo potrebbe essere capace di dirla: è un miracolo. Vi auguro perciò che abbiate a invogliare, col modo con cui vivete la fraternità tra di voi, anche gli altri a crearne una. Perché la fraternità si può farla con chiunque: il motivo per cui ci si mette insieme è tale che sta sotto o sopra qualsiasi sentimento.

Ti vorremmo chiedere se vieni il 17 marzo all'inaugurazione della casa di accoglienza di Santa Rita della Novella, che è per così dire un «figlio» dell'Associazione. È a Castel Bolognese, una domenica.

Io adesso prometto di venire. Grazie, grazie! Non esiste vicinanza umana se non così. Si deve salvare una cosa sola, a tutti i costi: la libertà di essere quello che siamo chiamati a essere e di poter educare a questo, di poter comu-

[13] SANT'AMBROGIO, *Exameron*, IX, 76, in *Opera omnia di Sant'Ambrogio*, vol. 1, Biblioteca Ambrosiana-Città Nuova Editrice, Milano-Roma 1979, p. 419.

nicare questo; si deve, cioè, salvare la libertà della Chiesa, perché la Chiesa, in ultima analisi, è solo questo: «Dio con noi». Il resto è un destino ultimo. Leggete il capitolo 33 dell'Esodo, una delle più belle pagine letterarie dell'umanità. Dio se ne sta andando via da Mosè, nascosto dentro una nube sul monte Oreb. Mosè è lì, con la faccia a terra, che cerca di guardare, e dice: «Signore, resta con noi: se tu non cammini con noi, noi non ci muoviamo di qui»[14]. Ditemi se ci può essere un'espressione più umana di questa! E il Signore dice: «Io ti ho conosciuto per nome, Mosè, e io farò quel che ti ho detto e che tu mi chiedi: io camminerò con voi e voi sarete il mio popolo»[15]. Silenzio. Dopo un po' Mosè aggiunge: «Signore fammi vedere la tua faccia, fammi vedere il tuo volto»[16]. Invece noi vediamo sempre le spalle di Dio, non la faccia. Perché, risponde Dio, «non può un uomo conoscere il mio volto prima della morte»[17], deve essere morto per vedere il mio volto: per esser vivo deve morire. Tutti, invece, scivolano in fretta verso la pretesa di immaginarsi il volto di Dio, di definire Dio come a loro pare e piace. È per questo che abbiamo intitolato la nuova Scuola di comunità *Alla ricerca del volto umano*[18], perché il volto umano è il riverbero indiretto del volto di Dio: si conosce Dio attraverso quel che è l'uomo. Grazie di quel che fate.

[14] Cfr. *Esodo* 33,15.
[15] Cfr. *Esodo* 33,17
[16] Cfr. *Esodo* 33,18.
[17] Cfr. *Esodo* 33,20.
[18] L. Giussani, *Alla ricerca del volto umano*, Rizzoli, Milano 1995.

APPENDICI

LA PERSONA, SOGGETTO DEL RAPPORTO[1]

Il fenomeno del rapporto uomo-donna, visto nel suo contesto esistenziale, dal punto di vista cristiano, costringe a ricondurre il discorso a questi tre capitoli:

– il soggetto, l'attore della questione, è la *persona*;

– tale soggetto è chiamato a svolgere una parte, una funzione: l'idea di *funzione* governa il secondo capitolo di un eventuale discorso cristiano sul matrimonio;

– sia la persona sia la funzione che essa è chiamata a svolgere sono immerse in un *contesto sociale e storico*, che condiziona – non solo tende a condizionare, ma inevitabilmente condiziona – e l'autocoscienza della persona e l'immagine della funzione.

La persona

Il soggetto del rapporto coniugale è la persona. Da questo punto di vista, tenendo presente ciò che l'antropologia cristiana dice di questo sintetico e supremo valore, vale a dire che la persona è definita dal suo rapporto col destino che è Dio, il fenomeno matrimoniale non può essere fine a

[1] Appunti da una conversazione con Luigi Giussani sulla famiglia, Milano 1972.

se stesso per l'uomo e la donna che lo realizzano. L'idea della persona, il valore della persona proprio dei due soggetti implicati, stabilisce all'interno del fenomeno matrimoniale un superamento di esso o, se volete, da un altro punto di vista, mette i due attori in una posizione ultimamente di distacco che permette il possesso delle cose. Ma un distacco che permette il possesso delle cose non può accadere, essere realizzato, se il soggetto non sappia già qualche cosa che è più di ciò a cui si interessa. Se l'uomo si appoggia a una cosa che ha in mano, non può aver distacco da essa, e perciò non può possederla, non può essere libero.

In questo senso, l'idea di persona pone nel cuore dei fenomeni, anche più personali, un superamento senza il quale non siamo veramente padroni di ciò che facciamo. È forse a questo punto che si può richiamare l'interesse che ha, nel fenomeno cui stiamo accennando, la parola antica della tradizione etica cristiana: «ascesi». La parola ascesi implica tutto quello che abbiamo detto prima circa un superamento di prospettive che è nel cuore stesso delle cose che più ci premono; superamento determinante un distacco, che a sua volta assicura che la realtà del rapporto ci stia nelle mani e non che ci prenda la mano.

Un corollario. È da quello che abbiamo detto che può nascere un rispetto vero dell'uomo verso la donna e viceversa, quel rispetto vero che non può essere alla mercé di un sia pur generoso e avveduto sentimento o di un attimo temporaneo, ma che è imposto dal fatto che l'altro costituisce un'entità irriducibile al parere, alla reazione, alla voglia, al piacere dell'altro. È da quello che abbiamo detto che può nascere, insomma, la non strumentalizzazione.

Che l'uomo viva verso la donna, o viceversa, la non strumentalizzazione, nel discorso cristiano è motivato come doveroso, quindi possibile, esclusivamente come corollario della consapevolezza che l'altro è rapporto con

Dio, è persona. Altrimenti, secondo il discorso cristiano, è impossibile la non strumentalizzazione. Si potrà accennare nella discussione a come la società umana, se concepita al di fuori di un fatto religioso autentico (perciò di un fatto che abbia chiaro il senso di Dio come Persona e del rapporto dell'uomo con questo Dio), cerchi di ovviare a questa orribile mina, che è la strumentalizzazione, che attenta alla base ogni costruzione tra uomo e donna, come del resto ogni rapporto tra uomo e uomo.

Il discorso accennato adesso significa che il rapporto dell'uomo con la donna, se non obbedisce al superamento di se stesso che ha nel suo cuore, non è vero, vale a dire non c'è. Il rapporto tra l'uomo e la donna c'è, nel senso forte della parola, solo se si riconosce alla sua radice un fattore che lo supera: senza superamento di quello che si fa, quello che si fa non è vero, cioè, in senso filosofico, non c'è.

La funzione

Il concetto di *funzione*, nella terminologia cristiana, coincide con quello di vocazione: la vita, l'essere è concepito come rapporto personale, cioè cosciente e libero, con l'essere supremo, nella forma del dialogo che l'immagine di tale rapporto implica.

Il termine biblico di vocazione significa esattamente questo: che la persona è chiamata, nell'impegno che essa assume, nel coinvolgimento che vive con l'altra persona (uomo e donna), a svolgere un compito, cioè un momento, anche se importantissimo, ma un momento, del disegno totale. L'uomo e la donna sono chiamati a svolgere un compito che è posseduto dal disegno totale di Dio. Per quanto estremamente privilegiato, rimane comunque un compito nel disegno totale di Dio, un compito la cui consistenza è cioè mutuata dalla totalità del disegno: esso non ha consistenza in se stesso, non può stare in piedi, se non traendo significato dalla sua immanenza al disegno totale Da questo punto di vista, l'uomo e la donna hanno come ideale etico, come indicazione dinamica, quella che Gesù Cristo dava descrivendo se stesso prima di morire: «Nessuno ama tanto come chi dà la vita per i suoi amici»[2]. Da questo punto di vista, l'ideale, cioè la legge della dinamica, è la disponibilità a esaurirsi nel compito.

Diceva Aristotele che nell'ideale non c'è misura. Se chiamiamo ideale la legge dinamica della funzione che ci è stata affidata, esaurire la propria vita in quel compito rappresenta il vertice dell'obbedienza a quell'ideale. Perciò, secondo il discorso cristiano, la disponibilità a fondo per la funzione fa da «correttivo» a quanto detto prima.

Il primo punto affermava, infatti, che il valore della persona trascende il rapporto che c'è tra l'uomo e la donna. Il matrimonio esige questo superamento, senza il quale esso crolla. L'uomo non strumentalizza la sua donna, e viceversa, nella misura in cui tale fattore di superamento, tale autocoscienza come religiosità, esiste.

La seconda sottolineatura circa la funzione, invece, affermando che l'ideale è una disponibilità fino in fondo allo scopo cui si è stati chiamati, alla vocazione che è stata data, all'impegno che si è assunto, riporta a galla tutta la serietà del problema, della realtà in cui ci si impegna.

Ora, i due, uomo e donna, hanno una dignità uguale. Ma l'uguaglianza implica l'affermarsi della diversità. Una uguaglianza che avesse come proprio ideale una identità nel senso materiale, quantitativo del termine, sarebbe una grande menzogna. L'uguaglianza o l'identità dei due soggetti implica la loro diversità, per cui l'attenzione fino in fondo alla diversità dell'altro è elemento fondamentale del rispetto dell'altro e della giustizia. Non è forse facile che

[2] *Giovanni* 15,13.

l'uomo tratti la donna, non dico male, ma che usi della donna senza neanche pensarci, secondo lo stato d'animo affettivo, fisico, suo, e viceversa? Evidentemente questo non sarebbe uno svolgimento sano della funzione che si è stati chiamati a vivere.

Si ha quindi diritto a una strumentazione necessaria perché la funzione possa svolgersi. Tale funzione – in un discorso teologico, nella morale cattolica tradizionale – è sempre stata ricondotta a due tappe: lo scopo del rapporto uomo-donna è, in primo luogo, quello dell'aiuto vicendevole e, in secondo luogo, quello della procreazione ed educazione della prole.

Evidentemente la strumentazione necessaria per l'aiuto vicendevole è diversa dalla strumentazione necessaria per il secondo scopo. Non basta, cioè, una strumentazione adeguata per il secondo scopo a salvare anche il primo. Comunque, non dimentichiamo che un aiuto vicendevole, in qualunque campo, trattandosi di uomini e non di esseri animali, implica, per esempio, un fattore spirituale ineliminabile.

Ancora una volta il termine ascesi, detto prima, non può sfuggire nella sua importanza, perché un uomo non può non cercare di adeguarsi alla sua donna – come si fa a portare aiuto, se non ci si adegua? –, e non può adeguarsi alla sua donna (e viceversa) senza un controllo e un dominio di sé, senza un'ascesi. È impossibile. Ma anche per il secondo scopo risulta chiaro, per esempio, che l'educazione del bambino implica il più grave sacrificio di sé, delle proprie idee e inclinazioni, dei tempi con cui si vorrebbe che le cose si sviluppassero.

È proprio nello svolgimento di questo compito – poiché, fra tutti i compiti che all'uomo o alla donna possono essere assegnati nella vita, questo rappresenta quello più personale, quello che tocca maggiormente la coscienza che essi hanno di loro stessi –, è attraverso l'adempimento di questo compito che l'uomo e la donna si possono educare a un'apertura e disponibilità verso gli altri, verso la società. Ogni disponibilità alla società, ogni sensibilità sociale, ogni generosità nel sacrificio per gli altri, ma, più acutamente ancora, ogni sensibilità nel percepire il valore della società – anche nel senso lato del mondo, degli altri –, passa, secondo il discorso cristiano, attraverso l'educazione che dell'individuo, del soggetto, realizza la dinamica del rapporto matrimoniale. Nella misura in cui un uomo e una donna impegnati a livello di matrimonio non compiono, nella vicenda del loro rapporto, lo sforzo, l'ascesi necessaria per una adeguazione l'uno all'altro, è impossibile che possano aprirsi, educarsi, maturare una sensibilità verso gli altri. Sarebbe solo fittizia, sarebbe una maschera politico-sentimentale.

Il contesto sociale

La persona, nello svolgere le sue funzioni, è immanente a un certo contesto sociale. Questo contesto influisce inevitabilmente. Sempre il contesto sociale e storico è determinato dal potere, e il potere oggettiva, traduce in termini di determinazione sociale le correnti ideologiche in voga, vale a dire la concezione antropologica e sociale dei suoi ideologi. Il governo non si può mai sostenere, se non cerca di realizzare fattori di ordine «naturale» e se non cerca di incrementare un «valore», così come un uomo che parla, a meno che sia assolutamente pazzo, dice sempre qualche cosa del valore dell'esistenza e della verità. Ora, nella misura in cui il contesto sociale nasce dal potere, che agisce nel contesto sociale oggettivando in qualche modo una certa filosofia, non potrà non essere in un certo senso ingiusto verso un fenomeno così originale come la famiglia, ed è analogamente inevitabile che poco o tanto sia ingiusto verso la persona. Esso tenderà sempre, infatti, in qualche modo, a strumentalizzare la famiglia, perché il potere avrà e affermerà sempre uno scopo, il proprio, come preponderante sullo scopo delle persone che compongono la famiglia e sullo scopo ultimo della famiglia stessa, vale a dire conseguire il disegno di Dio.

Sintomo di questa strumentalizzazione da parte del contesto sociale nel quale viviamo è il tentativo di dividere il significato di vita dei genitori da quello dei figli, di dividere la famiglia, l'asse genitori-figli, così come il contesto sociale che ci è alle spalle ha tentato di identificare il significato del volto dei figli con la volontà dei genitori. Come una società conformista, tutta protesa a mantenere lo *status quo*, cercherà di eliminare la novità che si presenta nei figli, così una società contestatrice come la nostra inevitabilmente tenderà a «non far nuocere» – essa dirà – o a eliminare il nesso genitori figli per liberare il nuovo per gli scopi nuovi che essa persegue.

* * *

Ho voluto soltanto accennare a questi tre momenti del discorso cristiano sulla famiglia.

La *persona*. Nel cuore del fenomeno c'è tutto un superamento del fenomeno stesso. Perché una persona non è fatta per il matrimonio, ma per il suo destino, cioè è fatta per Dio; l'adempimento, il compiersi della persona non è nel matrimonio, ma è nel suo fine. In questo senso una posizione di ascesi e di distacco permette veramente il possesso di quello che si fa. La non strumentalizzazione dell'uno nei confronti dell'altro è il rispetto di questa prospettiva che giace sempre alle spalle della figura che si guarda, anche se la figura è seduta alla stessa mensa. È attraverso l'affermazione di questo superamento, che sta nel cuore del fenomeno, che noi viviamo anche la verità del fenomeno stesso. Se io prendo un libro e lo metto vicino agli occhi, non lo vedo; se io sono tutto nervoso e per possederlo lo metto vicino agli occhi, non lo possiedo, lo possiedo molto di meno, proprio come libro: senza questo distacco, non lo possiedo per quello che è.

Non mi sono attardato qui a dire in quale rapporto stia il matrimonio col destino della persona. Ho voluto dire che il matrimonio non è lo scopo ultimo né dell'uomo, né della donna. Ma, allora, che cosa rappresenta per il destino dell'uomo e della donna? Non ho risposto a questa domanda, per accennare direttamente al titolo del secondo capitolo.

La *funzione*. Il matrimonio è una funzione, è una vocazione al compito nel disegno di Dio. Da questo punto di vista l'atteggiamento fondamentale è quello della disponibilità a fondo per questo scopo.

Naturalmente, se lo scopo di questo rapporto esige una stabilità che a un certo punto non piace a un uomo e una donna coinvolti in questo «gioco», l'uomo e la donna si devono sacrificare allo scopo, alle necessità dello scopo, alle esigenze che lo scopo porta avanti. È tutto il discorso che la Chiesa fa sul divorzio.

Ho accennato al rispetto della diversità come unico modo di vivere l'uguaglianza fra i due, e al diritto che l'uomo e la donna hanno di strumenti che li aiutino nel perseguimento del loro scopo (pensate, per esempio, come la non educazione, l'analfabetismo, o la disoccupazione possano essere comunque una remora al perseguimento del loro scopo, o come una concezione urbanistica possa essere gravemente lesiva di questo diritto che un uomo e una donna hanno a portare avanti il loro scopo, ecc.).

Comunque, secondo il concetto della Chiesa, lo svilupparsi nell'uomo di una vera sensibilità e di una disponibilità al bisogno del mondo è proporzionale o non è che proiezione dell'ascesi, dello sforzo, della generosità con cui egli vive l'avvenimento affettivo. La modalità con cui un uomo vive l'avvenimento affettivo è la modalità stessa con cui alla fin fine si porta verso il mondo.

Da ultimo, il valore del *contesto sociale*. Pur salvando completamente tutto il bene che il contesto sociale realizza per l'uomo e la donna e per i loro rapporti – con gli aiuti che realmente esso dà al fenomeno della famiglia, esaltando l'uno, l'altro o l'altro dei fattori necessari al benessere della famiglia –, il discorso cristiano non può non sottolineare realisticamente l'impossibilità del contesto sociale (sempre, in tutta la storia) a rispettare fino in fondo il valore naturale della famiglia. È impossibile che il contesto sociale rispetti il fatto che la famiglia venga prima di esso: se la famiglia viene prima del contesto sociale, il contesto sociale la deve rispettare. Invece in tutta la concezione in voga oggi, dominata dalla cultura laicista, questo non è affatto riconosciuto (basti pensare qui a tutto il problema dell'educazione scolastica, come la Chiesa ha sempre sostenuto e il Concilio Vaticano II ha portato avanti nel documento *Gravissimus educationis*); ma anche tanti preti e tante suore, e tanti tra coloro che hanno scuole private, sono tranquillamente, per quello che conosco, sulla linea laicista riguardo al problema dell'educazione, del diritto all'educazione e a certe modalità d'educazione.

Il contesto sociale sempre tenderà a guardare la famiglia come propria parte, come proprietà sua. La divisione all'interno della famiglia sembra il sintomo più accanito di questa sproporzione o di questa contraddizione società-famiglia. In questo senso, il diciannovesimo capitolo di san Matteo riporta una frase di Cristo molto interessante (è una frase che si riferisce al problema della vocazione alla verginità e al problema della libertà dalla ricchezza): «Ciò che all'uomo è impossibile non è impossibile a Dio»[3]. Vale a dire, la Chiesa – la Chiesa non in senso astratto, la Chiesa

[3] *Matteo* 19,26.

nel suo concreto, cioè la Chiesa che emerge come comunità determinata nell'ambito frequentato dall'uomo e dalla donna sposati – rappresenta l'unico correttivo o il luogo di difesa dall'attacco che, al di là delle sue intenzioni, tutto il contesto sociale sempre fa alla famiglia, un recupero della forza del diritto originale.

Un «nota bene» finale. Non è molto popolare, anzi è profondamente antipopolare quello che sto per dire, ma appartiene alla logica del discorso. Essendo la moralità identica alla razionalità, alla ragionevolezza, ed essendo la ragionevolezza del vivere stabilita dal rapporto fra quello che si fa e il fine, se la mia espressione mi fa protendere al mio destino e al mio fine, in questa misura esatta essa è bene, altrimenti diventa mancanza, manchevolezza. Allora, il rapporto uomo-donna come coinvolgimento totale di due esseri ha un determinato scopo, di cui almeno un aspetto clamorosamente impressionante è nella procreazione e nell'educazione della prole. Se noi potessimo immaginare una natura che non avesse bisogno di procreazione, la separazione e distinzione dei sessi sarebbe assurda. Comunque, il minimo è che il primo significato della distinzione sia la procreazione, la funzione procreante. A meno che la figura dell'uomo e della donna non si riconducano al sesso, l'affettività che scatta tra di essi non si riconduce al problema sessuale. Però il coinvolgimento completo è per un determinato scopo. Al di qua del traguardo, prima che un impegno formale, secondo tutta quanta la sua dimensione, prima che un impegno definitivo, così come lo scopo esige, venga assunto dall'uomo e dalla donna, tale coinvolgimento si avvera come una strada, ma non può pretendere di essere coinvolgimento totale. Poniamo il caso di due che siano stati fidanzati per otto anni e poi, a un certo punto, l'uomo si sia innamorato di un'altra. Era l'ultimo pensiero che gli potesse venire in mente, fino a due mesi prima. Per otto anni fedelissimo e tranquillissimo, da due mesi è fuori combattimento: il primo a essere pieno di dolore, infatti, è lui, e non sa più cosa fare, si dispera. È chiaro che non si può obbligarlo a sposarsi, perché non era definitivo l'impegno. Per la Chiesa, ha un'importanza estrema questa definitività del volere espresso oggettivamente. La definitività del volere, la completezza del volere, deve essere oggettivamente espressa e l'oggettivazione dell'espressione della volontà è «di fronte alla comunità», alla società. Senza queste due connotazioni, la volontà non è ancora compiuta. Perciò non si può obbligare uno a sposarsi in quella situazione. Analogamente, quel tale non aveva diritto ancora a un coinvolgimento totale con la sua ragazza.

Ho scelto in modo frammentario; però ho scelto quelli che mi sembravano i catalizzatori di tutti i problemi. Tutti i problemi che possono nascere in una discussione sul rapporto uomo-donna, di qualunque natura, mi pare scivolino nel primo, nel secondo e nel terzo capitolo: il capitolo della persona, il capitolo della funzione e il capitolo del contesto sociale.

CULTURA DELLA VITA E CULTURA DELLA MORTE[1]

«Dio non ha creato la morte e non gode per la rovina dei viventi»

L'uomo di oggi, come quello di ieri e del domani, appartiene al Mistero che lo ha fatto attraverso le innumerevoli appartenenze, favorite e consapevolmente attuate o inconsapevolmente subite. La parola che Dio ha dato all'uomo, come luce che giudicasse il suo agire al livello più profondo, dove l'agire nasce, nella Bibbia è disponibile per la comprensione di tutto.

La cultura della vita si oppone alla cultura della morte già nelle pagine del Libro della Sapienza.

«Dio non ha creato la morte e non gode per la rovina dei viventi. Egli infatti ha creato tutto per l'esistenza; le creature del mondo sono sane, in esse non c'è veleno di morte, né gli inferi regnano sulla terra, perché la giustizia è immortale»[2].

[1] Intervento di Luigi Giussani al Congresso Internazionale Teologico-Pastorale su: «I figli, primavera della famiglia e della società». Organizzato dal Pontificio Consiglio per la Famiglia in occasione del Giubileo della Famiglia (Roma, 10-12 ottobre 2000). In «Tracce - Litterae Communionis», n. 10 (novembre 2000), pp. 15-27. Ora in *I figli: famiglia e società nel nuovo millennio. Atti del Congresso Internazionale Teologico-Pastorale*, Città del Vaticano, 11-13 ottobre 2000, Libreria Editrice Vaticana, 2001, pp. 289-297.

[2] *Sapienza* 1,13-15.

Questa è la promessa con cui Dio ci ha creati: e questa è la giustizia.

Eppure, continua il Libro della Sapienza: «Gli empi invocano su di sé la morte con gesti e con parole, ritenendola amica si consumano per essa e con essa concludono alleanza, perché son degni di appartenerle. Dicono fra loro sragionando: "La nostra vita è breve e triste; non c'è rimedio, quando l'uomo muore, e non si conosce nessuno che liberi dagli inferi. Siamo nati per caso e dopo saremo come se non fossimo stati. È un fumo il soffio delle nostre narici, il pensiero è una scintilla nel palpito del nostro cuore. Una volta spentasi questa, il corpo diventerà cenere e lo spirito si dissiperà come aria leggera. Il nostro nome sarà dimenticato con il tempo e nessuno si ricorderà delle nostre opere. La nostra vita passerà come le tracce di una nube, si disperderà come nebbia scacciata dai raggi del sole e disciolta dal calore. La nostra esistenza è il passare di un'ombra e non c'è ritorno dalla nostra morte, poiché il sigillo è posto e nessuno torna indietro"»[3].

Come sempre il testo biblico è una grande profezia gettata sulla vita dell'uomo. E forse mai come a questo nostro tragico tempo si adattano le parole che abbiamo letto.

Nella sua enciclica dedicata al Vangelo della vita, Giovanni Paolo II scrive: «Il Vangelo della vita, risuonato al principio con la creazione dell'uomo a immagine di Dio per un destino di vita piena e perfetta, viene contraddetto dall'esperienza lacerante della morte che entra nel mondo e getta l'ombra del non senso sull'intera esistenza dell'uomo. La morte vi entra a causa dell'invidia del diavolo e del peccato dei progenitori. E vi entra in modo violento»[4].

Per gli uomini della nostra epoca la realtà – cose, persone, desideri e progetti – acquistano così il carattere di

[3] *Sapienza* 1,16; 2,1-5.
[4] Giovanni Paolo II, *Evangelium vitae*, 1819.

apparenza spaventosa descritto dalla Sapienza. Tutto sembra avere il niente come nome comune. E tutto pare essere trascinato in questo vortice che fa dire: «La nostra esistenza è il passare di un'ombra». Che terribile una posizione umana che accusi il colpo di una negatività assoluta, totale, senza possibilità di rimedio!

Ma questo atteggiamento non è secondo la natura dell'uomo, è piuttosto l'esito di una slealtà, frutto dell'insinuarsi di un fattore estraneo nella vita umana così come Dio l'ha pensata e creata. L'uomo, infatti, non nasce come negatività, ma come promessa positiva. Il bambino che esce dal ventre di sua madre fin dal primo istante grida il desiderio di vita che è la stoffa della sua identità e solo il tempo di un'educazione scorretta può indebolire questa struttura originale introducendo il dubbio che tutto sia privo di senso. Il dubbio come punto di partenza sulla realtà non può fondare un'esistenza personale, anche perché non corrisponde a nulla di reale.

Le parole del Libro della Sapienza mi pare aiutino a comprendere il tema che ci è stato assegnato – «Cultura della vita e cultura della morte» –, poiché sono un giudizio sulla mentalità che oggi governa, consapevolmente o meno, la vita del popolo, tante volte anche di coloro che si dicono cristiani.

La morte domina il sentimento comune, su tutto stendendo il velo dell'apparenza, che dura un istante e poi svanisce come neve al sole. E questa negatività porta a esaltare l'attimo fuggente di una soddisfazione momentanea, tutto il resto non avendo speranza di durata.

Per questo la Sapienza prosegue descrivendo l'atteggiamento di uomini così ridotti nella loro umanità: «Su, godiamoci i beni presenti, facciamo uso delle creature con ardore giovanile! Inebriamoci di vino squisito e di profumi, non lasciamoci sfuggire il fiore della primavera, coroniamoci di boccioli di rose prima che avvizziscano; nessuno di noi manchi alla nostra intemperanza. Lasciamo dovunque i segni delle nostra gioia perché questo ci spetta, questa è la nostra parte. Spadroneggiamo sul giusto povero, non risparmiamo le vedove, nessun riguardo per la canizie ricca d'anni del vecchio. La nostra forza sia regola della giustizia, perché la debolezza risulta inutile. Tendiamo insidie al giusto, perché ci è di imbarazzo ed è contrario alle nostre azioni; ci rimprovera le trasgressioni della legge e ci rinfaccia le mancanze contro l'educazione da noi ricevuta. Proclama di possedere la conoscenza di Dio e si dichiara figlio del Signore. È diventato per noi una condanna dei nostri sentimenti; ci è insopportabile solo al vederlo, perché la sua vita è diversa da quella degli altri, e del tutto diverse sono le sue strade. Moneta falsa siam da lui considerati, schiva le nostre abitudini come immondezze. Proclama beata la fine dei giusti e si vanta di aver Dio per padre. Vediamo se le sue parole sono vere; proviamo ciò che gli accadrà alla fine»[5].

Qui sta tutto il mondo come lo conosciamo almeno da alcuni secoli: una esaltazione dell'apparenza delle cose come unica ragione del vivere; una ostilità conclamata verso chi in qualche modo dice che altra è la consistenza delle cose e diversa è la realtà che si rende evidente nell'esperienza.

Come il giusto del racconto biblico, anche noi oggi siamo stati chiamati a vivere una responsabilità verso i fratelli uomini che sono come investiti da una sorta di nube tossica che fa sragionare e ottunde la vista. E la prima vittima di questa intossicazione generale è la famiglia, quel livello elementare di amicizia tra un uomo e una donna che ha un compito particolare assegnato: la collaborazione con Dio al dilatarsi della vita sulla Terra attraverso la procreazione dei figli.

[5] *Sapienza* 2,6-17.

Ora, a quale livello si colloca il problema di una cultura della vita? Per aiutarci a rispondere dobbiamo guardare alla nostra esperienza elementare, cui la Chiesa risponde con l'annuncio di Cristo morto e risorto, e quindi vivo per tutto il tempo della storia fino all'eternità.

La vita come missione

Il punto di partenza per il costituirsi di una cultura della vita è il riconoscimento della vita come missione. Gesù dice: «Io sono venuto perché abbiano la vita e l'abbiano in abbondanza»[6]. Lo scopo della vita che Dio dà è qualcosa che sembra essere annullato dalla morte.

Noi abbiamo la vocazione cristiana. E questo viene molto prima che l'essere uomo o donna: «Quanti siete stati battezzati in Cristo – dice san Paolo –, vi siete rivestiti di Cristo. Non c'è più giudeo né greco; non c'è più schiavo né libero; non c'è più uomo né donna, poiché tutti voi siete uno in Cristo Gesù»[7]. C'è un principio profondo che dà ben altro significato allo spunto sia pur grazioso e almeno inizialmente così affascinante come il rapporto affettivo uomo-donna, un principio che, unico, può garantire la continuità e la fedeltà nel tempo. Questo è letteralmente vero: senza la coscienza espressa da san Paolo, la mentalità mondana – possiamo dire anche moderna –, il guardare le cose secondo gli occhi della carne, il vedere le cose come le vedono tutti con gli occhi naturali, non può non avere nel divorzio, per esempio, il suo ideale di umanità, di compassione, perché è veramente impossibile altrimenti la verità del rapporto. Infatti ciò che rende possibile la continuità non è l'amore dell'uomo e della donna, ma l'amore

6 *Giovanni* 10,10.
7 *Galati* 3,27-28.

dell'uomo e della donna che è reso possibile da un'altra cosa. Noi siamo stati toccati nel nostro essere da questo seme profondo: si chiama Battesimo questo gesto, questo segno altrimenti così insignificante, con il quale Cristo ci ha voluti, ci ha toccati e ci ha eletti.

A che cosa ci ha eletti e perché? Perché siamo più coerenti e migliori degli altri? No. «Come il Padre ha mandato me, così io mando voi». La vita come missione è l'unica definizione esauriente della vita secondo Gesù, perciò la coscienza della vita come missione esaurisce la coscienza di sé e il valore di tutto ciò che nasce da noi. Se non si parte da questo, mettiamo in primo piano qualche altra cosa mutuata dal sentimento mondano dell'esistenza: la riuscita, la cura materiale dei figli, l'ospitalità. Ma questo anche i pagani lo fanno, non ci sarebbe bisogno di essere cristiani per ottenere queste pratiche.

Qual è la missione? Per che cosa ci ha mandati quel Mistero a cui apparteniamo? Ce lo ricorda Giovanni Paolo II: «Presentando il nucleo centrale della sua missione redentrice, Gesù dice: "Io sono venuto perché abbiano la vita e l'abbiano in abbondanza"[8]»[9]. E il capitolo diciassettesimo del Vangelo di Giovanni specifica: «Questa è la vita eterna: che conoscano te, l'unico vero Dio, e colui che hai mandato, Gesù Cristo»[10]. Perché «tutto è vostro, il passato, il presente, il futuro, il tempo e lo spazio, la vita e la morte, ma voi siete di Cristo»[11]. Continua l'enciclica papale: «È proprio l'annuncio di Gesù a essere annuncio della vita. Egli, infatti, è il "Verbo della vita"[12]. In lui "la vita si è fatta visibile"»[13]; anzi lui stesso è "la vita eterna, che era presso il Padre e si è

[8] *Giovanni* 10,10.
[9] GIOVANNI PAOLO II, *Evangelium vitae*, 1801.
[10] *Giovanni* 17,3.
[11] *1 Corinzi* 3,21-23.
[12] *1 Giovanni* 1,1.
[13] *1 Giovanni* 1,2.

resa visibile a noi"... Questo Vangelo della vita si identifica con Gesù stesso»[14].

Perciò il punto di partenza è la conversione del singolo a Cristo, la liberazione del singolo, per cui la vita è vissuta come dovere d'annuncio sempre più maturamente e coscientemente. Lo dice anche la liturgia del matrimonio: Dio concede i figli perché abbiano a rigenerarsi in Cristo[15] (testualmente, secondo l'antica formula evangelica)[16].

Ecco, dunque, il punto di partenza: la vita come missione. Il cuore di ciascuno fa sgorgare tutto il resto da questo, ma non in modo automatico, perché c'è di mezzo sempre e comunque la libertà, che è la modalità con cui Dio ha voluto il rapporto con l'uomo creatura. In ogni caso, da questo inizio prende corpo la possibilità di una cultura della vita che investe ogni aspetto dell'esistenza e della società. La famiglia è per un uomo e una donna il quotidiano e continuo inizio della società nuova. Essa è la struttura di rapporto che più umanamente testimonia che cosa ci abilita alla missione: il sacramento del Battesimo. Ogni altro sacramento è abilitazione ulteriore a questo. Il matrimonio ha questo preciso senso: determinare il volto completo del mio soggetto missionario. E la prima missione è con la moglie e con il marito, anzi, meglio, la prima missione è con se stessi. Un errore in cui siamo caduti tutti è quello di pensare che la pura convivenza generi comunione, mentre è il mistero di Cristo in noi che genera comunione.

[14] Giovanni Paolo II, *Evangelium vitae*, 2067.

[15] «Tu hai dato alla comunità coniugale la dolce legge dell'amore e il vincolo indissolubile della pace, perché l'unione casta e feconda degli sposi accresca il numero dei tuoi figli. Con disegno mirabile hai disposto, o Padre, che la nascita di nuove creature allieti l'umana famiglia e la loro rinascita in Cristo edifichi la tua Chiesa» (Prefazio della Liturgia del Matrimonio, in *Messale ambrosiano festivo*, Marietti - Jaca Book, Torino-Milano 1976, p. 978).

[16] Cfr. *Giovanni* 3,3-8.

L'educazione

La famiglia realizza la sua vocazione attraverso l'educazione dei figli, perché lo scopo non è il semplice procreare, ma l'educazione al senso della vita. L'inizio del nostro movimento ha subito formulato un canto espressivo di questo: «Povera voce di un uomo che non c'è, la nostra voce se non ha più un perché [...]; tutta la vita chiede l'eternità».

Frutto e sintomo della coscienza missionaria, e perciò anche della comunione che unisce l'uomo e la donna, è l'educazione dei figli. I bambini crescono osservando come viviamo noi grandi. Perciò educare i figli significa farli partecipare alla realtà della comunione dell'uomo e della donna che hanno dato loro la vita.

«È soprattutto attraverso l'educazione dei figli che la famiglia assolve la sua missione di annunciare il Vangelo della vita. Con la parola e con l'esempio, nella quotidianità dei rapporti e delle scelte e mediante gesti e segni concreti, i genitori iniziano i loro figli alla libertà autentica, che si realizza nel dono sincero di sé. L'opera educativa dei genitori cristiani deve farsi servizio alla fede dei figli e aiuto loro offerto perché adempiano la vocazione ricevuta da Dio»[17].

Non è così ovvio come potrebbe sembrare che il fatto educativo sia preso sul serio in una famiglia che viva il clima sociale attuale. Il teologo Jungmann definiva l'educazione come l'aiuto a entrare dentro tutta la realtà, ma questo esige una ricchezza di preoccupazioni che il clima odierno tende a sconsigliare affinché la vita degli adulti possa essere il più possibile quieta. Inoltre il clima attuale ha un'attitudine a giustificare tranquillamente tutto, eliminando anche la distinzione tra bene e male.

Perciò se, da un lato, sembra evidente che la famiglia sia il primo ambito educativo (essa, infatti, è la prima strut-

[17] Giovanni Paolo II, *Evangelium vitae*, 2108.

tura dinamica in cui la natura realizza la sua capacità di generazione e di sviluppo), dall'altro, non è così scontato che sia la preoccupazione educativa a guidare la presenza e l'operato dei genitori. Nella confusione dei valori che caratterizza il mondo attuale, il come «vengano su» i figli dal punto di vista umano è diventato secondario rispetto ad altre preoccupazioni: la salute, la preparazione ad acquisire un buon posto nel lavoro e quindi nella società.

Bisogna però dire che qualunque clima, in qualunque momento della storia, non potrà mai eludere quello che per natura l'uomo porta dentro, e quindi non potrà mai sopprimere le ansie e le esigenze con cui la natura creata da Dio fa vibrare il cuore dell'uomo.

La cosa più importante, la cosa necessaria per educare è anche la prima cosa che oggi si perde; una volta il clima sociale la faceva rimanere anche in modo inconsapevole, oggi invece ce la strappa via. Per capire che cos'è questa cosa così necessaria per educare, immaginiamo una mamma che la mattina entri nella cameretta per svegliare il suo bambino. Supponete che, in un momento umanamente fortunato, si fermi a due metri dal letto e guardi dormire quella creatura, che è uscita da lei, che prima non c'era, e, quasi prescindendo dal fatto che è sua, pensi: «Chissà che cosa l'aspetta nella vita, chissà che cosa incontrerà» e poi: «Ma questa creatura ha un destino, altrimenti sarebbe stato ingiusto e inutile farla nascere, perché farla nascere significa esporla alla possibilità dei più gravi dolori».

È un sentimento umano che quel bambino sia tuo, madre, ma non è tuo. Ha un *suo* destino! In termini cristiani si dice, con un termine molto pregnante, che ha una sua vocazione, cioè è stato chiamato da Qualcosa che non sei tu e questo Qualcosa lo chiama a un traguardo, a un fine che non sei tu, padre e madre. Qui si attesta la possibilità di una cultura della vita, cioè di uno sviluppo positivo di una promessa con cui siamo stati tratti all'esistenza.

La prima condizione per potere educare una creatura umana – i figli, primavera della famiglia e della società – è che ci sia questo senso di distacco, di rispetto, questo senso di timore e tremore per il Mistero che è dentro quella creatura, che è così tua eppure non è tua. Senza questo un padre o una madre come fanno a rispettare e ad aiutare i passi di un cammino che nessuno può fissare, neanche il soggetto stesso? Padre e madre finiscono inevitabilmente per compiere la terribile profezia del Libro della Sapienza, cadendo in un possesso del figlio che, nel mentre lo stringe, lo soffoca.

Al contrario, il distacco di cui stiamo parlando è come il sentimento di non potere esaurire il rapporto col figlio stringendolo tra le braccia, prendendolo per mano o ingiungendogli quello che a noi adulti sembra più giusto, più vero e più adatto a lui. È un reale distacco. Ma non esiste una unità col proprio figlio più profonda di quella vissuta dal padre e dalla madre che cercano di guidare la loro creatura avendo sempre davanti agli occhi questa cosa tremenda e misteriosa che è il suo destino, avendo sempre davanti questo pensiero: che è un essere in rapporto con Qualcosa di molto più grande di noi, a cui io lo debbo accompagnare e verso cui lui andrà utilizzando, ora per ora, delle cose, degli avvenimenti in cui si imbatterà. Perciò io lo debbo aiutare a usare le cose, a fargli prendere la vita il più possibile in modo tale che il suo cammino, istante per istante, sia teso al suo destino. Altrimenti sarebbe stato inutile e ingiusto averlo generato, perché, allora sì, sarebbe inutile vivere, avrebbero ragione gli «empi» del racconto biblico!

Si educa un uomo se si favorisce il dilatarsi in lui di un ideale, intendendo per ideale qualcosa di ultimo, di più grande di sé, per cui tutto quello che si fa non lo si fa per se stessi. Questa è l'abolizione dell'egoismo e l'inizio di una difesa della vita come cammino verso il destino preparato da Dio per ciascuno di noi.

Il costituirsi di un popolo

Fa partecipi della cultura della vita non la famiglia da sola, ma insieme ad altre. Il raccogliersi in unità di esse e il loro dilatarsi costituisce il flusso del popolo cristiano.

Abbiamo detto che la famiglia è fondamentale come fattore educativo. Occorre a questo punto aggiungere, però, che la sua potenza è breve e soprattutto fragile nel tempo. Essa è come una casa, come una stanza continuamente trapassata da fulmini. La famiglia è ormai tutta investita da forze sociali tali, che non può, in nessun caso, salvare la propria capacità educativa da sola. In verità ciò non vale solo per l'oggi. Ricordo il romanzo *Il giardino dei Finzi Contini*: l'ideale di quella famiglia era quello di vivere salvaguardata dalle mura del grande parco, così autosufficiente da sembrare autonoma, ma un fortuito cambiamento della storia la travolge.

Non è intelligente né sincero volere educare solo attraverso lo strumento della famiglia. Questo è stato vero sempre, ma nel nostro tempo assume un valore di eccezionale importanza, così che se una volta la resistenza della famiglia o il suo influsso sui bambini poteva essere valutato al 70% adesso può essere valutato al 5%.

Ma che cosa fa la famiglia di fronte a tutta la forza di una società che ha in mano tutta l'area della famiglia attraverso la televisione? Che cosa fa di fronte alla scuola, in cui un insegnante può fare tutto ciò che gli pare e piace, manomettendo la coscienza del bambino come gli pare e piace (e questa azione è sistematica)? Che cosa fa di fronte alla pubblicità? Una famiglia non può resistere da sola.

Perciò la preoccupazione educativa di una famiglia è intelligente e umana nella misura in cui si rassegna a uscire da un comodo, anche meritato, per stabilire rapporti che creino una trama sociale che si opponga alla trama sociale dominante. Questo ha come luogo proprio la comunione della Chiesa. Nella sua enciclica *Mater et magistra* Giovanni XXIII indicava la libertà di associazione come uno dei dieci diritti fondamentali dell'uomo. Scrive ancora Giovanni Paolo II: «Siamo mandati come popolo. L'impegno a servizio della vita grava su tutti e su ciascuno»[18].

L'avere dei figli da educare è la più grande occasione che Dio dà per risvegliare la fede in noi. C'è un momento della vita in cui, magari attraverso l'esempio di altri, o mobilitati dal senso di impotenza di fronte al dovere di un certo comportamento, la fede appare come qualcosa di interessante non solo per l'eternità, ma anche per questa vita. Così che sorge sull'orizzonte della nostra vita come l'alba di un giorno nuovo.

«Il Vangelo della vita è per la città degli uomini. Agire a favore della vita è contribuire al rinnovamento della società mediante l'edificazione del bene comune»[19]. Si comincia a percepire un senso del vivere, un gusto del vivere, un'utilità del vivere che, per ciò stesso che definisce l'io di ciascuno, insinua una prospettiva nuova dentro il contesto mondano che sembra inevitabilmente destinato alla morte, cioè al nulla. Ma «Dio non ha creato la morte e non gode per la rovina dei viventi. Egli infatti ha creato tutto per l'esistenza»[20]. Questa è la grande promessa che l'annuncio cristiano realizza, definitivamente e sicuramente, per l'energia di Cristo risorto che ha vinto e vince il mondo.

«Il Vangelo della vita non è una semplice riflessione, anche originale e profonda, sulla vita umana; neppure è soltanto un comandamento destinato a sensibilizzare la coscienza e a provocare significativi cambiamenti nella società; tanto meno è un'illusoria promessa di un futuro mi-

[18] Giovanni Paolo II, *Evangelium vitae*, 2064.
[19] Giovanni Paolo II, *Evangelium vitae*, 2137.
[20] *Sapienza* 1,13-14.

gliore. Il Vangelo della vita è una realtà concreta e personale, perché consiste nell'annuncio della persona stessa di Gesù»[21].

Così che il Vangelo della vita diventa cultura della vita, secondo l'espressione di Giovanni Paolo II: «Una fede che non diventa cultura è una fede non pienamente accolta, non intensamente pensata, non fedelmente vissuta»[22].

[21] Giovanni Paolo II, *Evangelium vitae*, 1896.
[22] *Congresso M.E.I.C.*, 16 gennaio 1982.

NOTA STORICA

a cura di

CARLA BAGATTINI MASSARI

STORIA DI UN'OPERA: FAMIGLIE PER L'ACCOGLIENZA

NASCITA E SVILUPPI

Gli inizi: costruire luoghi di amicizia

In una storia, gli inizi costituiscono sempre un momento particolare per la freschezza dell'intuizione e per l'intensità di mobilitazione che la circostanza assunta responsabilmente fa scaturire.

La circostanza contingente che è all'origine delle Famiglie per l'Accoglienza è stata la richiesta di un parere riguardo all'affido familiare (di cui il Comune di Milano stava preparando un regolamento) rivolta dal consigliere Giuseppe Zola a un gruppo di famiglie che vivevano esperienze d'accoglienza e a operatori coinvolti con esse. Ma la circostanza più radicale, più oggettiva, stava nel fatto che queste famiglie, per l'educazione ricevuta nel movimento ecclesiale di Comunione e Liberazione, vivevano, anche se separatamente, la stessa esperienza, le stesse ragioni e le stesse fatiche nell'aprire la loro casa al bisogno incontrato.

Trovandosi a lavorare insieme, capiscono che un'amicizia stabile «costituisce un luogo di confronto e di dilatazione della propria umanità che le istituzioni non possono dare» (Mario) e un «servizio per tutte le altre famiglie» (Donata).

Così, il 18 maggio 1982, nasce l'associazione «Famiglie per l'Accoglienza», che si propone di valorizzare e sostenere, anche attraverso la formazione delle famiglie, l'accoglienza di minori o di adulti in difficoltà e di diffondere tale valore. Soci fondatori sono: Alda Vanoni De Carli, Lia Sanicola, Carla Bagattini Massari, Daniela Fumagalli, Donata Ferrari Carmo, Giuseppe Albetti, Mario Zarpellon, Cesare Mozzanica, Claudio Monaco e Bruno Marcotti.

Nel giro di qualche mese viene individuata la prima sede, in cui un giorno alla settimana due assistenti sociali offrono consulenza soprattutto a famiglie affidatarie. Numerosi sono gli incontri-testimonianze a cui i soci dell'Associazione sono invitati a partecipare.

Il primo momento pubblico di una certa importanza viene organizzato il 5 dicembre 1983 sulla nuova legge per l'adozione e l'affido. Relatori sono Alda Vanoni, presidente dell'Associazione, e la senatrice Paola Colombo Svevo. Intanto cresce rapidamente il numero di famiglie iscritte: incontri vari e il semplice passaparola fanno conoscere l'Associazione.

Dall'84 l'Associazione trova una collocazione più idonea, in Via Macedonio Melloni; per rispondere alle nuove esigenze degli iscritti e degli operatori che segnalano i bisogni, la sede resterà aperta cinque giorni la settimana.

I convegni nazionali: imparare le ragioni

Ben presto si impone un altro passo. Se il primo era stato costruire luoghi di amicizia e di confronto, il successivo, quasi naturale conseguenza del primo, è stato l'approfondimento culturale dell'esperienza, perché la ricchezza vissuta da molti diventasse sempre più cosciente e più comunicabile, quindi più imitabile.

Nell'84 si organizza, in collaborazione col Centro Culturale San Carlo[1], un seminario in quattro lezioni dal titolo: «Per una cultura dell'accoglienza», in cui intervengono, tra gli altri, don Angelo Scola, attuale patriarca di Venezia, e monsignor Francesco Cox, del Pontificio Consiglio per la Famiglia[2].

[1] Ora «Centro Culturale di Milano».
[2] Gli atti sono pubblicati in «Società e salute» n. 1, supplemento al n. 37/84.

Nell'85 ha luogo il primo Convegno nazionale dell'Associazione, «Accoglienza: volto del gratuito», con interventi di don Luigi Giussani, docente di Teologia morale e fondatore di Comunione e Liberazione, di Rocco Buttiglione, docente di Antropologia filosofica, e di alcune famiglie che presentano la propria esperienza[3].

Questo primo Convegno e in particolare il contributo di don Giussani costituisce un punto di crescita decisivo: un'occasione per imparare le ragioni più vere, più grandi e quindi più umane di un gesto d'accoglienza, un'occasione per testimoniare forme di socialità nuova. Nell'arco degli anni la guida di don Giussani sarà fedelmente ricercata e si concretizzerà sia in incontri individuali con alcuni responsabili, sia in incontri con tutti i membri del direttivo. Il contenuto di questi incontri, riportati tra l'altro nel presente volume, saranno oggetto di un lavoro permanente da parte di tutti i gruppi dell'Associazione. L'insegnamento di don Giussani, così come le indicazioni specifiche emerse, costituiranno dunque l'ossatura di un metodo di lavoro.

Subito dopo il Convegno dell'85 si vanno strutturando, soprattutto a Milano e provincia, gruppi di lavoro sull'affido e sull'adozione che, a partire dall'esperienza delle famiglie e anche dal confronto con personalità esterne, cominciano a maturare una posizione culturale più capace di tener conto di tutti i fattori in gioco e di aiutare l'affronto della realtà, sempre complessa, dell'affido e dell'adozione.

Il Convegno nazionale sull'affido nell'86 e quello sull'adozione nell'88 costituiscono il primo frutto del lavoro intrapreso, ma soprattutto, per il coraggio di un confronto a tutto campo, l'inizio di un lavoro sempre più pertinente e approfondito. Al Convegno «Affido: un'avventura educativa»[4] partecipa, tra gli altri, monsignor Dionigi Tettamanzi, attuale cardinale di Milano. Al Convegno «Al cuore dell'adozione», tra i numerosi interventi, quello di Giorgio Vittadini, presidente della Compagnia delle Opere, e di padre René Laurentin, teologo[5].

[3] Gli atti sono pubblicati con lo stesso titolo da EDIT, Milano 1985.
[4] Gli atti sono pubblicati con lo stesso titolo da EDIT, Milano 1987.
[5] Gli atti sono pubblicati in «Società e salute», Milano 1988.

In quegli stessi anni, a Milano alcune famiglie dell'Associazione danno la loro disponibilità ad accogliere parenti di ammalati provenienti da vari parti d'Italia per farsi curare negli ospedali cittadini. Per questo nell'87, in collaborazione con le associazioni «Hospitale» e «Cilla», Famiglie per l'Accoglienza organizza un Convegno dal titolo «Accogliere il dolore», per parlare del significato e dell'esperienza dello stare accanto a chi soffre[6].

Le sedi regionali: una presenza più incisiva sul territorio

In varie città italiane alcune famiglie aderiscono all'associazione Famiglie per l'Accoglienza.

«Ho girato l'Italia – dice Lia –, favorendo un riconoscimento tra coloro che facevano accoglienza, avviando un percorso comune e lavorando a gesti che annunciassero all'esterno il valore dell'esperienza».

Dall'86, per avere una maggiore incisività sul territorio, si favorisce la costituzione di sedi regionali, con una propria gestione amministrativa e con propri organi deliberanti. La costituzione di una sede regionale consente, tra l'altro, di essere interlocutori accreditati nei confronti degli enti locali. È un segno di sviluppo e di ricchezza per tutta l'Associazione, testimoniato dai primi convegni regionali a Firenze, a Chiavari e a Bologna tra l'86 e l'87.

Anche in Lombardia (a Lecco, Varese, Seveso e poi a Bergamo), numerose famiglie avvertono il bisogno di organizzare momenti di lavoro o incontri pubblici in loco, perché la prossimità diventi più operativa.

La nascita delle case: la forma del desiderio

Per qualche famiglia l'esperienza dell'accoglienza assume una forma più ampia, più strutturata: si cambia casa, spesso ci si trasferisce in cascine ristrutturate, si accolgono numerosi bam-

[6] Gli atti sono pubblicati in «Società e salute», n. 50/87.

bini o adulti. Anche nella forma, l'accoglienza diventa una scelta totalizzante.

Già nell'80, prima che nascesse l'Associazione, Mario Zarpellon (che sarà poi uno dei soci fondatori dell'Associazione), insieme a sua moglie Gina e alla sua famiglia apre una casa d'accoglienza a Baruccana di Seveso (Milano).

«Al momento dell'entrata nella nuova casa eravamo già in quindici persone – racconta Mario –, oltre alla mia famiglia c'erano tre fratelli in affido, una mamma con due figli, una donna in attesa, una ragazza di quindici anni e due adulti che avevano espresso il desiderio di condividere l'esperienza con noi».

Mario e Gina hanno contribuito per anni a creare una trama di amicizia e a far maturare la consapevolezza dell'esperienza offrendo la loro testimonianza e la loro paternità piena di calore a quanti li accostavano. Ora, per l'avanzare degli anni, Mario e Gina hanno lasciato la casa di Seveso, donandola alla Fondazione Grassi, che vi ospita malati terminali.

Così Laura e Claudio che, nell'87, vanno ad abitare in una grande casa a Merate (Lecco) e, partendo dalla dedizione totale con cui accolgono i loro figli adottivi in grave situazione di disagio, si aprono all'accoglienza di madri tossicodipendenti a cui testimoniano nella quotidianità che cosa vuol dire amare i propri figli e se stesse. Ora la casa accoglie giovani donne in difficoltà.

Nello stesso periodo alcune famiglie, che avevano condiviso l'esperienza dell'Associazione e che già avevano costituito l'«Associazione Fraternità», si trasferiscono a Monte Cremasco (Cremona), in una cascina ristrutturata, per sostenersi nel compito dell'accoglienza.

A Milano, con il contributo di alcune famiglie dell'Associazione, si aprono luoghi di accoglienza per parenti di ammalati giunti da lontano per farsi curare. Ora tale esperienza, cresciuta negli anni, è confluita nell'alveo dell'associazione «Cilla».

A Firenze, a metà degli anni Ottanta, Irene e altre famiglie affrontano il problema delle donne extracomunitarie, realizzando un intervento particolarmente significativo, perché non si limita a ospitare, ma cerca di dare risposte a una vasta gamma di bisogni, dal lavoro alla custodia dei figli, alla formazione, inserendole in una trama di rapporti che facilita il recupero della loro dignità e il loro inserimento nella comunità. Nascono così la casa «Santa Lucia», «San Felice» e «L'Aquilone».

Negli anni Novanta Novella, certa «che solo nell'accoglienza l'uomo ritrova la strada per vivere», decide insieme a suo marito Giuliano di ampliare l'esperienza di accoglienza che già riempiva il piccolo appartamento in cui vivevano. Si sentono infatti chiamati a realizzare «una casa di carne», una grande casa dove una «famiglia normale» può concretamente abbracciare il dolore e la sofferenza del mondo. Dopo numerose difficoltà, nel '96 a Castel Bolognese (Ravenna) viene inaugurata la casa «San Giuseppe e Santa Rita». Appena prende forma ciò che Novella aveva voluto con decisione e pazienza, un giorno, mentre andava a far compagnia a degli anziani, a seguito di un incidente il Signore la prende con sé per sempre. Adele porta avanti la sua opera.

Dal '94, a San Giorgio Monferrato (Alessandria), la famiglia di Piero e Elena, nella loro casa dedicata a «Maria Madre dell'accoglienza» accoglie giovani in difficoltà, per periodi più o meno lunghi, a seconda delle loro necessità, inserendoli nella vita familiare. Ma è anche possibile trascorrere una giornata presso di loro, singolarmente o in gruppo, apprezzando la loro ospitalità e la bellezza del luogo.

Realtà nazionale e non solo, in una compagnia più grande

Una circostanza, la maturità di consapevolezza da parte di alcuni, la capacità di paternità e di guida di altri, o tutte queste cose insieme, hanno favorito, nella storia dell'Associazione, la percezione di un nuovo inizio, come gratitudine per la ricchezza vissuta e come energia per un cammino più deciso. Negli anni Novanta alcune realtà regionali acquistano maggior consistenza e il paragone tra loro rilancia in una responsabilità più grande. La molteplicità delle esperienze, che si connota anche in relazione alla diversa realtà locale, sociale e istituzionale, diventa occasione di unità nella ricerca della verità dell'esperienza. L'Associazione è ormai una realtà con respiro nazionale, non solo per l'estensione della sua presenza, ma per la responsabilità nei confronti di tutta la realtà italiana.

Attualmente è presente in tutte le regioni italiane. Ha la propria sede nazionale a Milano ed è formalmente costituita in Abruzzo, in Emilia Romagna, in Liguria, in Veneto e in Sardegna.

Dall'89 si diffonde in Svizzera e nel 2001 si costituisce anche in Spagna.

Significativo passaggio per lo sviluppo della responsabilità dell'Associazione è costituito dal suo inserimento in realtà associative più ampie. L'adesione alla Compagnia delle Opere risale all'89. «La partecipazione alla CdO – dice Alda – significa innanzitutto un riferimento a delle persone, a delle facce concrete; è la consapevolezza di un orizzonte più vasto in cui la nostra opera si inserisce; qualche volta anche il concreto emergere di sinergie».

Nel '93 l'Associazione è tra i soci fondatori del «Forum delle associazioni familiari», organismo divenuto negli anni interlocutore riconosciuto dalle istituzioni per la proposta di politiche a favore della famiglia. Nel '98 l'Associazione partecipa alla costituzione della Foam (Federazione opere assistenza minori), nata con l'intento di creare un'unità di riferimento e di valori tra le opere che a vario titolo si dedicano ai minori.

I bambini della povertà e della guerra, l'accoglienza non ha confini

Negli anni Novanta, venendo a contatto con la drammatica realtà di alcuni Paesi segnati dalla guerra o dalla povertà materiale o morale, l'Associazione, coinvolgendo anche altre famiglie, si impegna in una importante opera di accoglienza temporanea in Italia o di sostegno nella patria d'origine, in particolare a favore dei bambini libanesi, romeni e croati.

Nell'anno scolastico 89/90, con la scuola elementare «La Zolla» di Milano, l'Associazione ha contribuito a ospitare presso un istituto di Cerano (Novara) quaranta bambini libanesi fuggiti dalla guerra insieme ai loro insegnanti. Dal '91, per cinque anni, i soci di Pescara accolgono per un periodo di vacanza trenta bambini polacchi, che l'associazione «Ut unum sint», nella città di Swidnica, raccoglie in centro diurno per sottrarli alla povertà e alla trascuratezza. Nel '91 padre Pop, sacerdote romeno greco-cattolico, chiede di far trascorrere le vacanze estive in Italia a dei ragazzi romeni, perché, attraverso la vita in famiglie cristiane, possano incontrare una positività umana che gli anni del regime comunista avevano offuscato. Per cinque estati, un numero consistente di ragazzi (i primi due anni più di quattrocento) sono stati ospitati in famiglie di tutta Italia che hanno risposto con grande disponibilità. È stata un'esperienza ricca ed educativa, per alcune famiglie italiane l'inizio di altre accoglienze, per i ragazzi romeni e le loro famiglie l'inizio di un'amicizia. Racconta Jolanda: «Quando è partito, affacciato al finestrino del treno, Peter mi ha detto: "Grazie di tutti". Io ho pensato che si fosse sbagliato e l'ho corretto: "Di tutto!". "No, grazie di Roberto, Giulio, Matteo, te, Paolo, Anna"».

Così si è espresso il vescovo di Oradea, monsignor Hossu, nel '93: «È stato molto importante il gesto gratuito di ospitalità estiva che avete fatto in questi anni, perché è stato il segno dell'attualità e della fecondità di una vita e di una presenza di Chiesa. Tanta gente è rimasta colpita da quest'iniziativa e c'è chi ha ricominciato a riavvicinarsi alla Chiesa con una nuova stima. Anche la gratuità della vostra ospitalità – non avete chiesto nulla in cambio – è stato un segnale importante in una società che è abituata a monetizzare tutto, a cercare il tornaconto in ogni iniziativa».

Nel '94, la drammatica situazione dei bambini croati, orfani o profughi, interpella i responsabili dell'Associazione. Che fare? In Italia non è possibile ospitare i bambini per preclusioni politiche e difficoltà burocratiche insormontabili. Si fa strada l'idea di aiutare le famiglie del posto a compiere un gesto d'accoglienza.

A Zagabria, a Zara e a Dubrovnik vengono aiutate famiglie croate che ospitano bambini profughi o bambini sordomuti o famiglie profughe in grave difficoltà. Si realizza così l'affido per interposta persona: per quattro anni trecento famiglie italiane sono abbinate a trecento famiglie croate che vengono sostenute con un contributo mensile. «Ma non ci siamo limitati a un aiuto economico: per quattro anni – racconta Marco – siamo andati, ogni due mesi, in Croazia per incontrare le famiglie e i responsabili delle associazioni locali che hanno consentito l'attuarsi dell'iniziativa». Anna Markulin, allora incaricata della Caritas di Zagabria per i profughi, ha detto ai responsabili dell'Associazione Famiglie per l'Accoglienza: «Mi sono accorta che le famiglie allo sbando con voi si legano, si appassionano non solo a voi ma tra loro; ecco qual è il vostro contributo: voi portate la possibilità di un incontro!».

Nel '97, circa quaranta ragazzi croati, già conosciuti con l'iniziativa del sostegno alle famiglie (affido per interposta persona), trascorrono un periodo di vacanza presso famiglie di Verona e Forlì.

Negli anni successivi saranno ospitati in Italia, per brevi soggiorni o per stages, diversi gruppi di studenti e di adulti provenienti dall'Est (Russia, Ucraina, Kazachistan eccetera).

Il lavoro

L'Associazione, nel corso degli anni, è stata soprattutto una compagnia al lavoro, per andare sempre più al fondo della propria esperienza e per renderla più utile. Lavoro che non ha escluso alcun contributo: innanzitutto l'indicazione paterna di don Giussani, l'insegnamento della Chiesa, l'esperienza delle famiglie e l'apporto delle varie discipline.

Pur nella fatica di giudicare l'esperienza, non si è eluso alcun particolare: dal come raccontare ai bambini adottivi la propria storia al rapporto con gli operatori sociali.

In particolare, da molti anni, si è lavorato in modo stabile su adozione e affido e, più recentemente, sull'accoglienza di anziani e di figli disabili.

Adozione

Per quanto riguarda l'adozione, il Convegno dell'88, «Al cuore dell'adozione», ha segnato un passo significativo sia nella fase preparatoria sia nella riflessione successiva. Ma in particolare, a partire dal 1991, cresce notevolmente il numero delle coppie coinvolte e si sviluppano e si approfondiscono, attraverso un dialogo serrato tra famiglie e un confronto con diversi esperti, i temi più diversi: dalla sterilità della coppia alla conoscenza delle situazioni dei bambini abbandonati, dal cammino delle coppie verso l'adozione ai problemi scolastici di un bambino adottato. Frutto di tale lavoro è stata la pubblicazione di una collana di ventidue dispense; nel corso degli anni ne sono state diffuse migliaia di copie.

Dal 1993, per aiutare chi desidera accostarsi all'adozione, inizia l'esperienza dei «minicorsi», cicli di quattro incontri per piccoli gruppi di coppie guidate e accompagnate da famiglie che già vivono l'esperienza dell'adozione, in un lavoro, a volte faticoso, di riscoperta di ciò che si desidera veramente.

Dice Roberto: «In fondo l'adozione ci mette davanti a una questione importante: "Che cosa vogliamo dalla vita"; i punti di partenza possono essere vari: il desiderio di un figlio, la commozione per un bisogno, ma il punto d'arrivo, che poi costituisce il vero punto da cui partire per farsi carico della vita dell'altro, di accoglierla senza condizioni, siamo noi e il nostro rapporto con il Mistero». «Fondamentale è avere un aiuto che ti accompagni nel cammino – aggiunge Angela –. Con un gruppo di famiglie stiamo insieme in modo non banale, raccontandoci le nostre esperienze vere, facendoci l'un l'altro le domande messe in gioco dalla nostra vicenda di adozione». I minicorsi realizzati sono ormai più di trenta a Milano, e via via si sono svolti anche in altre città italiane (Varese, Bergamo, Chiavari, Pescara, Verona, Padova).

Per parlare di adozione in modo adeguato ai bambini, si intraprende un'iniziativa editoriale: Itaca pubblica *Le storie di Benedetta* e *La storia di Ricciolo*, con testi di Emi de Ponti.

Così Roberto sintetizza il percorso e il lavoro compiuto dalle famiglie adottive all'interno dell'Associazione: «La vera novità culturale della nostra posizione è questa: l'interesse del minore non è in contrasto con quello della famiglia adottiva e non si tutela con una selezione rigorosa di "supercoppie", ma fornendo alle famiglie la possibilità di crescere e di esser sorrette da una compagnia».

Affido

Anche per l'esperienza dell'affido[7] è fondamentale la possibilità di essere sorretti da una compagnia, contro ogni tentazione di «professionalizzazione» delle famiglie. Così affermano Mariangela, Graziella e Gigi: «Punto centrale del lavoro di questi anni è stata la tensione a costruire un'amicizia e una compagnia tra famiglie affidatarie». E Marco aggiunge, in modo deciso, come a definire l'impegno di tutta l'Associazione nei confronti di ogni famiglia affidataria: «Una famiglia che compie un gesto d'accoglienza non deve mai sentirsi orfana».

Proprio l'amicizia consente che una famiglia «normale», accogliendo un bambino non proprio, viva un'esperienza positiva perché impara uno sguardo più umano, più ricco di benevolenza e di affezione anche verso il proprio coniuge e verso i figli propri e perché accresce la consapevolezza della propria soggettività educativa. Questa amicizia, che diventa cammino comune, consente il maturare di una disponibilità a mettere in gioco tutta la propria vita personale e familiare con la storia personale e familiare di un altro. Accogliendo un bimbo infatti si accoglie, in un certo modo, anche la sua famiglia. Se accolta e valorizzata, anche la famiglia d'origine comincia a percepirsi come risorsa per il bambino.

«Chi accoglie un bambino, deve accogliere tutta la sua realtà, la realtà di un'appartenenza naturale a un'altra famiglia: noi cerchiamo di insegnare ai nostri bambini in affido uno sguardo

[7] Per affido si intende l'inserimento temporaneo, in una nuova famiglia, di un bambino in difficoltà nella propria, per problemi di varia natura dei genitori naturali.

positivo sulla loro famiglia – dice Giusi – e ora, attraverso il rapporto con noi, il padre sta imparando a capire cosa significa essere padre».

Le tematiche relative all'affido, messe a fuoco già nel Convegno «Affido, un'avventura educativa» dell'86, sono state, negli anni successivi, approfondite in modo ampio e preciso.

Negli anni l'Associazione, per offrire il proprio contributo di riflessione e di esperienza, ha organizzato a Milano e in altre città italiane incontri e seminari pubblici sull'affido.

Si è sviluppata inoltre una collaborazione con i servizi e con gli Enti locali, sia per aiutare le famiglie affidatarie a vivere la sinergia d'intervento che l'affido richiede, sia per far giungere alle famiglie le segnalazioni dei servizi riguardo ai bambini che hanno bisogno di essere accolti. All'interno di questa collaborazione l'Associazione ha organizzato, tra il novembre '96 e il gennaio '97, un seminario sull'adozione e uno sull'affido per gli operatori.

L'Associazione non è neppure rimasta estranea all'ampio dibattito culturale che ha accompagnato lo sviluppo legislativo riguardo all'adozione e all'affido, dalla legge 431 del 1968 alla legge 149 del 2001. In particolare ha partecipato in modo decisivo ai lavori preparatori che sono sfociati nel nuovo testo sulla disciplina per l'affido e l'adozione.

Anziani

Non solo affido o adozione. Accade che per alcune famiglie il bisogno ha una prossimità ineludibile: un parente anziano o un figlio disabile. Così si comincia a lavorare su queste esperienze di accoglienza.

A Milano, nel marzo '95, un piccolo gruppo di persone incomincia ad aiutarsi nell'esperienza d'accoglienza dei propri parenti anziani, richiamandosi le ragioni e confrontandosi con esperti.

«Abbiamo constatato – dice Graziella – che l'affronto comune di una circostanza difficile aiuta a superare l'angustia del particolare e lo scandalo dei propri limiti. Siamo stati aiutati a vivere il comandamento: "Onora il padre e la madre" non come un dovere imposto, ma come promessa di bene, "perché tu possa vivere a lungo nella terra che il Signore ti dà", e come esito del riconoscimento del dono della vita che i genitori hanno dato ai figli e, per analogia, dell'amore del Padre».

Nel '96, col «Progetto Simeone», si dà il via a una serie di incontri sull'accoglienza dell'anziano e nasce un servizio di consulenza stabile alle famiglie con anziani. A Milano sono più di cento le famiglie coinvolte in questa esperienza, mentre in altre città comincia a farsi strada un'esperienza analoga.

«Gli amici di Giovanni»

Nel '97 nasce Giovanni, con la sindrome di Down; i suoi genitori incontrano altre famiglie con figli disabili e insieme cercano un ambito in cui aiutarsi a capire il motivo adeguato per vivere con speranza questa circostanza: l'approccio tecnico al problema dell'handicap non è sufficiente.

«Ritrovarsi a quarantacinque anni a ricominciare da capo con un bambino con problemi non è facile. Ci è chiesto uno sguardo diverso, da domandare a Dio, su di noi e sui nostri figli», ci testimonia Tiziana. Così, a partire dal '98, «gli amici di Giovanni» – questo è il nome del gruppo – incominciano a trovarsi una volta al mese e successivamente chiedono di far parte dell'Associazione per condividere il lavoro e l'amicizia che sostengono l'accoglienza di un figlio, sia esso malato o sano, di una persona anziana o giovane.

Oggi si incontrano in Lombardia circa trenta famiglie, tra loro anche famiglie che hanno adottato bambini con handicap. Nel 2002, tra maggio e giugno, vengono organizzati quattro incontri pubblici sul tema «Handicap, un mondo da scoprire», per affrontare il problema dell'inserimento scolastico o lavorativo, ma anche il rapporto tra i genitori e un figlio che non rientra nei canoni della normalità[8].

[8] Gli atti sono pubblicati in *Handicap, un mondo da scoprire*, DIVA, Bergamo 2002.

I pellegrinaggi: chiedere di essere consapevoli

In un incontro con il Direttivo dell'Associazione don Giussani ha detto: «Chiedete alla Madonna e ai santi di essere sempre consapevoli di quel che fate. Che ne abbiate più coscienza è un augurio che vi facciamo, perché se ne avete più coscienza splende di più! È come vedere uno che va in giro di notte più fluorescente. E la gente si rincuora».

Anche un gesto d'accoglienza, l'aprire la propria casa, il guardare i figli o il marito può essere travolto dalla distrazione, dalla scontatezza, od offuscato dalla reattività istintiva. Allora occorre domandare la coscienza del proprio gesto, e così la consapevolezza che Cristo è presente in quel volto, in quel corpo, diventa letizia per sé e consolazione per tutti. Come dice Rosa: «Un giorno ero proprio stanca e, mentre facevo il bagno a mia zia con malavoglia, ho pensato: "Ma il Signore è qui!". Non dissi nulla, ma incominciai ad asciugarla e vestirla probabilmente in modo diverso, così che la zia scoppiò in lacrime e mi disse: "Tu mi vuoi proprio bene!"».

Per sostenersi nella domanda dal '96, ogni anno, la vita dell'Associazione inizia con un gesto semplice ed essenziale nel suo significato di domanda: il pellegrinaggio. Così in luoghi diversi ma nello stesso momento e secondo modalità comuni, i gruppi regionali si recano in pellegrinaggio a un santuario mariano.

La mostra: testimoniare il fascino dell'esperienza

La coscienza del gesto d'accoglienza diventa anche responsabilità di testimonianza, perché «resi segno di una novità che come onda si dilata di famiglia in famiglia, dalla più prossima alla più lontana, in un movimento che è inizio di una società più umana perché fatta di persone appassionate al destino degli uomini...»[19].

[19] Luigi Giussani, Lettera del giugno 2002, in occasione del ventennale dell'Associazione.

Anche nella storia recente numerosi sono stati i momenti di testimonianza, tra cui la partecipazione a dibattiti pubblici avvenuti all'interno del «Meeting per l'amicizia fra i popoli» a Rimini. In particolare si segnala la mostra «La dimora possibile». Ideata e promossa dalle Famiglie per l'Accoglienza per il Meeting 2002, essa rende testimonianza della novità che ha investito la vita di molte famiglie, del fascino di un'esperienza che eccede i propri limiti, della positività della vita più grande del sacrificio che essa richiede. La mostra è un'occasione per far giungere ovunque questa testimonianza e per proporre a tutti l'accoglienza come dimensione normale della vita di una famiglia.

I seminari: la corresponsabilità nell'opera

Nel 2000 a Salsomaggiore, nel 2001 a Salice Terme e nel 2002 ancora a Salsomaggiore, si sono svolti seminari di lavoro per i responsabili (più di centocinquanta) di tutta l'Associazione, compresa la Spagna e la Svizzera. I temi affrontati sono stati le problematiche e le metodologie dell'accoglienza familiare, la costruzione di nuova socialità e infine l'accoglienza e l'educazione: accoglienza come esperienza educativa innanzitutto per chi accoglie, educazione come attenzione nei confronti di chi è accolto.

I seminari costituiscono un momento di unità reale tra chi conduce l'opera, ma anche un momento importante di approfondimento culturale di tutta l'esperienza dell'Associazione, oltre e attraverso le tematiche specifiche delle varie forme di accoglienza.

Infatti in ogni forma, nell'affido o nell'adozione, nell'accoglienza di un adulto, c'è una dimensione comune, più profonda, come origine e come metodo.

Per questo l'Associazione, pur affrontando con serietà le tematiche specifiche, non è un gruppo di specialisti né tende a una selezione o a una specializzazione nell'affronto del bisogno.

Nella storia di questi anni i bisogni incontrati sono stati molti: oltre ai minori, giovani in difficoltà nella propria famiglia o giovani che cercano una sistemazione provvisoria in una città diversa dalla propria, adulti soli o fragili, ma anche ragazze madri e stranieri.

Fin dall'inizio l'Associazione ha favorito l'incontro tra il bisogno e chi lo può accogliere, senza smettere di educare alla necessità di stare davanti a ciò che si incontra, alla provocazione che la realtà costituisce, e senza smettere di offrire la possibilità di sperimentare anche piccoli gesti di accoglienza.

Gli strumenti: una compagnia in cammino

Sostengono ed esprimono la vita dell'Associazione strumenti di diversa natura, tra cui si segnalano:

– momenti di convivenza tra famiglie;

– incontri finalizzati al reciproco aiuto;

– incontri con esperti;

– corsi di formazione rivolti alle coppie che intendono adottare o prendere in affido un bambino.

Inoltre viene inviata agli iscritti la *Lettera periodica*, strumento di comunicazione delle esperienze e degli incontri più significativi.

A disposizione di tutti esiste un servizio di consulenza psicologica, legale e di servizio sociale per offrire un aiuto tecnico su questioni specifiche, per sostenere e rafforzare il compito della famiglia; un servizio di segretariato sociale favorisce l'incontro tra il bisogno e chi lo può accogliere.

Infine è stato costituito il fondo di solidarietà per sostenere situazioni di accoglienza particolarmente onerose.

• *Notizie utili*

La sede nazionale dell'Associazione Famiglie per l'Accoglienza è a Milano, in via Macedonio Melloni 27.
Telefono: 02-70006152
Fax: 02-70006156
e-mail: asfamacc@tin.it
sito internet: www.famiglieperaccoglienza.it

INDICE

NOTA STORICA
a cura di Carla Bagattini Massari